横浜トライ！

横浜はなぜ世界のトライアスロンシティになったのか？

花上喜代志

横浜市トライアスロン協会会長
横浜市会議員

さいど舎

始めに

　この本を手に取ってくださり、ありがとうございます。横浜市トライアスロン協会会長・横浜市会議員の花上喜代志と申します。

　一介の議員がなぜトライアスロンの本を書くことになったのか、不思議に思われる方は多いのではないでしょうか。かくいう私も、まさかトライアスロンとこれほど深いご縁になるとは思っておりませんでした。それが気づけば10年以上、すっかりトライアスロンというスポーツに魅せられ、トライアスロンを愛する人々とのお付き合いも長くなりました。

　きっかけは2009年、横浜開港150周年記念事業として開催された「トライアスロン世界選手権横浜大会」誘致の旗振り役になったことでした。
　「世界キッズトライアスロン」「世界こどもスポーツサミットin横浜」との三本柱で実施されたこの大会は、国内外から集まったトップ選手たちがレースでしのぎを削るとともに、世界各国のキッズアスリートがスポーツを通じて国際交流の機会を持つという、国際都市横浜にふさわしい一大行事として成功を収めました。
　誘致段階では反対の声もありましたが、横浜市が進めるスポーツ振興と横浜港の水質改善への貢献から、最終的には理解を得て大会開催に至りました。
　また、当初は2009年の一度きりという話で、神奈川県警察本部や横浜海上保安部など関係各所にかなりの無理を聞

いていただいたわけですが、横浜でAPECが開かれた2010年を挟み、2011年に再び開催する運びとなって、周りも、大会を開く側の私たちも慌てた部分がありました。

　しかし、それ以上に第1回大会で培った経験と喜びが関係各所と横浜市、日本トライアスロン連合（JTU）、横浜市スポーツ協会（元横浜市体育協会）、日刊スポーツ新聞社などで構成される大会組織委員会を突き動かしました。

　2012年の第3回大会から名称が「世界トライアスロンシリーズ横浜大会」に変わり、障がいのある皆さんが参加するパラトライアスロンも採用されて、2019年の節目の10回大会には観戦者数が2日間で述べ46万5000人に達するビッグイベントに成長しました。このことは世界トライアスロンシリーズ横浜大会が広く認知され、地域に受け入れられた証に他なりません。

　国際的にも高い評価を得る世界トライアスロンシリーズ横浜大会も、ここまで来る道のりは決して平坦ではありませんでした。むしろ課題山積の茨の道を様々な立場の人々が知恵を絞り、チャレンジ精神を奮い立たせて乗り越えてきたのです。

　私自身も初開催にあたっては、過去のイメージによる横浜港の水質汚染を理由とする一部の反対派を説得するため、還暦の老体に鞭打ち、身体を張って山下公園前の海を泳いで見せるという向こうみずな挑戦もしてきました。

　しかしながら今日、世界トライアスロンシリーズ横浜大会が横浜市にもたらす利点は数しれず、地域の活性化、市民の健康、健全な青少年の育成、社会の多様性、環境保全、シティセールスなど多岐に亘ります。そのことを横浜市政

を預かる身として実感する日々です。

　もともと野球やサッカー、バスケットボールのプロチームがあり、地域にスポーツ文化が根づいている横浜市ですが、そこになぜトライアスロンの国際大会が加わったのか、トライアスロンとはどんなスポーツなのか、大会実現にどんな方たちが汗を流したのかという、いわば舞台裏を、10回大会を経たこのタイミングで僭越ながら私が一冊の本にまとめ、ご理解、ご協力を賜っている市民の皆さんや、世界トライアスロンシリーズ横浜大会に関わる全ての方々にお伝えしたいと考えました。

　本来であれば11回目の開催を迎えるはずだった2020年は、世界を巻き込む新型コロナウイルス感染拡大の影響で初めて中止という苦渋の決断に至りました。しかし2021年以降、感染防止対策を徹底した上、「ワールドトライアスロンシリーズ横浜大会」と名称を改め、持続可能な新たな時代のスポーツ大会として再スタートを切ります。
　ここまで10年、ここから10年。この先も大会の継続開催を目指す「トライアスロンシティ横浜」がトライしてきた数々の取り組みをどうぞご覧ください。

横浜市トライアスロン協会会長
横浜市会議員
花上喜代志

横浜トライ！

横浜はなぜ世界のトライアスロンシティになったのか？

目次

第4章 世界基準の大会運営

協力 公益社団法人日本トライアスロン連合（JTU）

企画 高樹ミナ
構成 朝比奈美保
DTP 伏田光宏（F's factory）

なぜ横浜でトライアスロンなのか

第1章　なぜ横浜でトライアスロンなのか

開港150周年記念事業の第1回大会

　2009年8月22日、それまで準備に準備を重ねてきた「トライアスロン世界選手権シリーズ横浜大会」がついに開幕の朝を迎えました。

　今では「世界トライアスロンシリーズ横浜大会」※と呼ばれるこの大会も、2011年までは世界選手権シリーズと呼ばれていたのです。

　レース当日の天候は晴れ。気温29度。水温26度。無風。

　清々しい夏の朝、メイン会場の山下公園は世界トライアスロンシリーズを象徴するブルーの看板やカーペットに彩られ、横浜の海と空によく映えます。

　休日の早朝だというのにスタート付近やコース脇にはすでに観客の人垣が出来、その向こうで鍛え抜かれた世界のトップ選手たちが続々とウォーミングアップする姿が見えます。横浜市会議員の私にとって、山下公園は慣れ親しんだ場所ですが、そこにはかつて見たことのない光景が広がっていました。私は熱気高まる会場に身を置き、「あぁ、本当にここでトライアスロンをやるんだな」と実感しました。

　私が大会招致に携わったのは2005年のことです。それか

※ 2021年大会より「ワールドトライアスロンシリーズ横浜大会」に名称が変わりました。

ら4年間、招致の旗振り役となって奔走し、横浜開港150周年記念という横浜市の節目の一大事業としてトライアスロン世界選手権シリーズの開催に漕ぎつけました。

あわせて「世界キッズトライアスロン大会」「世界こどもスポーツサミット」という国際都市横浜らしいイベントを開けたことも、政治家として、一横浜市民として感慨深いものがありました。

ところが、私の心の中は日本晴れとはいきませんでした。何しろ横浜で初めての試みですし、海や公道を使ってレースをする都市型の大会ですから、何か事故があってはいけないという心配がどうしても勝ります。

どうか無事に終わりますように。

晴れやかな会場の雰囲気とは裏腹に、私は最初から最後まで祈るような気持ちでいっぱいでした。今こうして思い出しても掌にじわりと汗が滲みます。

開港当時の横浜は寒村だった

トライアスロンの話をする前に、少し横浜のことをお話しさせてください。

日本を代表する大都市横浜は1859年7月1日の開港を機に発展の道をたどってきました。

きっかけはその6年前、1853年に「ペリー提督」こと、

第1章　なぜ横浜でトライアスロンなのか

マシュー・カルブレイス・ペリー米国東インド艦隊司令長官率いる黒船が横須賀市浦賀に来航し、鎖国政策真っ只中の江戸幕府に開国を迫ったのが始まりです。この時米国は、捕鯨船の物資補給のための寄港地を確保したいと考えていました。

　ペリー提督は翌1854年にも再び来航し、幕府と日米和親条約を結び、さらに4年後には日米修好通商条約を締結。江戸に最も近い貿易港として幕府が開港したのが横浜でした。

　今でこそ人口375万人（2020年9月1日時点）、世帯数173万世帯を超える横浜市ですが、当時の横浜村は戸数わずか100戸にも満たない、農業と漁業で生計を立てる半農半漁の寒村でした。勝麟太郎（海舟）作詞の横浜市歌に「むかし思えばとま屋の煙」と歌われた、そんな寂れた土地に白羽の矢が立てられたのには、やや皮肉な理由があったようです。

　当時、神奈川の中心といえば交通の要衝だった東海道が通る神奈川宿でしたが、日本人と外国人の交流は時期尚早との懸念を抱いた幕府が、あえて人の少ない横浜を選んだといわれています。しかし、これがかえって貧しかった横浜に発展をもたらしたことはいうまでもありません。

　現在、山下公園のある山下町一帯に外国人居留地が出来、それが山手に広がって米国や英国、フランス、ドイツ

といった国々の外国商館が立ち並び、欧米文化が一気に集中しました。こうして幕末から明治維新にかけて大きく変貌を遂げた横浜は文明開化を体現する街として栄えていったのです。

　私はこの横浜市で40年以上、政治活動をさせていただいていますが、横浜には多くの人が集まり新たな産業を興す進取の気性、新しく吸収した文化をそれまで蓄積してきたものと融合していく開放性があると常々感じています。そうした横浜の気風はこの頃から育まれてきたのでしょう。それを考えれば比較的、新しいスポーツであるトライアスロンが横浜で受け入れられ根づいてきたことにも頷けるのです。

トライアスロンは「鉄人レース」じゃない?

　皆さんはトライアスロンと聞いて、どんなイメージを思い浮かべますか?　過酷でハードな「鉄人レース」とおっしゃる方は少なくないでしょう。

　私も初めはそうでした。「何キロも泳いで、何十キロも自転車を漕いで、その上に走るんですよね?」という具合に、よほど鍛えていないと出来ないスポーツだと思っていたのです。

第1章　なぜ横浜でトライアスロンなのか

　ところが、よくよく聞いてみると実際はちょっと違っていました。

　同じトライアスロンでも設定距離の異なるレースがいくつかあって、例えば世界トライアスロンシリーズ横浜大会はオリンピック・ディスタンスと呼ばれるスイム（水泳）1.5km、バイク（自転車）40km、ラン（ランニング）10kmの計51.5kmで行われます。

　一方、トライアスロンの発祥であるアイアンマンレースは実に計226kmもの長距離で、スイム3.8km、バイク180km、ランにいたってはフルマラソンと同じ42.195kmを走るといいますから、こちらは真の鉄人レースといえるでしょう。このアイアンマンレースのイメージがそのままトライアスロンそのもののイメージとして定着したようです。

　そして、トライアスリートもさぞかし筋骨隆々の筋肉マンなのだろうと思いきや、女子も男子も体型はスリム。筋肉も柔らかくしなやかなことに驚きます。

　特に日本人の女子には小柄な選手が多くて、例えばトライアスロン世界選手権シリーズ横浜大会の第1回から10大会連続出場を果たしている上田藍選手は、身長155cm、体重44kgと本当に華奢。初めてお会いした時、驚きました。

　いったい、あの身体のどこにあんなパワーがあるのだろうと不思議でなりません。

トライアスロンって、どんなスポーツ？

　トライアスロンはスイム（水泳）、バイク（自転車）、ラン（ランニング）の3種目で行う複合型スポーツです。

　誕生は1974年の米国カリフォルニア州サンディエゴ。「サンディエゴ・クラブ」という陸上競技クラブのメンバーたちがラン4.5km、バイク8km、スイム0.4km、ラン3.2km、スイム0.4kmの世界初の"トライアスロン"大会を開いたのが始まりです。ちなみにトライアスロンの語源はラテン語で「3＝トライ」と「競技＝アスロン」の造語です。

　この4年後の1978年、今度はハワイで「ワイキキ2.4マイル・ラフウォータースイム」（3.86km）、「アラウンド・オアフ112マイル・バイクレース」（180km）、「ホノルルマラソン」（42.195km）と同じ距離でスイム、バイク、ランのトライアスロンが行うツワモノが現れ、後に「アイアンマン」の名称で世界各地で大会が開かれるようになりました。

　この無謀とも思えるアイデアは「スイマー、サイクリスト、ランナーのうち誰が一番強いのか？」といい出した米国海軍長のひとことがきっかけといわれていて、腕に覚えのある15人の海軍兵士がレースに参加したそうです。ハードな中にも遊び心のあるトライアスロンの競技性を表して

いるエピソードといえるでしょう。

　2000年シドニー大会でオリンピック競技に採用された
のを機に主流はスイム1.5km、バイク40km、ラン10km
（計51.5km）の通称「オリンピック・ディスタンス」と
呼ばれるスタンダード・ディスタンスに軸を移しました
が、その半分の距離で競うスプリント・ディスタンス（計
25.75km）がジュニア選手権に導入されたり、スイムと
ランで行う「アクアスロン」やラン・バイク・ランの順で
行う「デュアスロン」、はたまた3種目それぞれを3人で担
当するチームリレーなど、様々なスタイルのトライアスロ
ン大会が世界5大陸120か国を超える国と地域で開催され
ています。

始まりは思いがけない相談から

　今では横浜の初夏の風物詩となった世界トライアスロンシリーズですが、招致活動や準備をしていた当時や、大会が始まったばかりの2009年頃は、しょっちゅういろいろな方からこんな質問をされていました。

　「花上さん、なんでトライアスロンなの？」

　そうおっしゃるのも無理はありません。日本における当時のトライアスロンはまだ知名度が低く、「ごく一部の趣向の変わった人たちがやる珍しいスポーツ」という位置づけでした。

　2000年のシドニー大会からオリンピック競技に採用され、2004年アテネ大会、2008年北京大会に日本人選手が出場しましたが、話題になるのはマラソンや水泳、柔道などメダルに届く御家芸が中心。私とてトライアスロンにあまり関心はありませんでした。

　ところがある時、親しい友人である新潟県村上市の佐藤順市長（当時）から、横浜でトライアスロンの世界大会を開けないかという思いもよらない相談を受けました。

　「日本トライアスロン連合（JTU）が横浜で大会をやりたいといっている。花上さん、力を貸してもらえないだろうか？」

　私と佐藤市長とは古いお付き合いで、青少年の健全育成

第1章　なぜ横浜でトライアスロンなのか

を目的とした「健民少年団」の活動を通じて長年交流を持つ信頼関係にありました。1992年に第1回大会が行われ、1995年の第4回大会より国際大会となった「村上・笹川流れ国際トライアスロン大会」が大変評判で、トライアスロンを推す佐藤市長の言葉には熱がこもっていたのを覚えています。

　一方、私のほうも初めはピンと来なかったものの、話を聞いているうちに横浜市の行政にもメリットがあることにふと気づき、佐藤市長立っての相談ということあり、協力を引き受けたのでした。

横浜港がきれいになったことを証明したい

　私が気づいた横浜市のメリット。それは横浜の海でトライアスロン大会を開けば、公共下水道整備の効果を市民にアピール出来るのではないかということでした。

　横浜市では1960年代の高度経済成長期に人口が急増し、生活排水や工場排水の影響で河川や海の水質が悪化。汚染対策が喫緊の課題となり、1970年代以降、集中的に公共下水道整備が進められました。

　しかし、横浜市の地形は起伏が激しく、山、谷、坂があちらこちらにあって、下水道も迂回して通さなければならず工期も費用もかさみました。この横浜市ならではの事情

は水道や道路といった公共インフラ整備にも共通し、横浜の街作りが遅れた原因のひとつといわれています。

　確かに私が横浜市会議員に初当選した1979年当時、公共下水道の普及率は30％に満たないくらいで、新人議員だった私も下水道整備は横浜市の重要課題と認識していました。

　その後、整備が進み2000年代に入ると普及率は90％を超え、さらにトライアスロン世界選手権シリーズ横浜大会が開かれた前年の2008年には99.8％に達しました。

　その効果は河川や海の水質向上に繋がり、数値にも表れました。当然、横浜港もきれいになったわけですが、一度定着してしまった「横浜の海は汚い」というイメージは払拭されませんでした。

　私はこれをなんとかして変えたい。長年にわたる公共下水道整備の成果で横浜の海はきれいなったんだということを、数値よりもっとわかりやすい方法で市民に伝える方法はないものかと思案していました。

　そこへ降って湧いたのが村上市の佐藤市長から相談されたトライアスロンの一件だったのです。

　私は「そうだ、横浜でトライアスロンの大会をやれば、横浜港は水泳が出来るところまできれいになったと証明出来るのではないか」とひらめいたのでした。

林文子

横浜市長

　このたびは、『横浜トライ！　横浜はなぜ世界のトライア
スロンシティになったのか？』の刊行、誠におめでとうご
ざいます。

　花上先生は、少年時代から野球に打ち込まれ、スポーツ
に対する熱い情熱をお持ちでいらっしゃいます。2006年か
らは、横浜市トライアスロン協会会長として、トライアス
ロン競技の発展に精力的に取り組まれてきました。世界ト
ライアスロン大会の横浜招致、そしてシリーズ化に際しては、
先生から大変力強い後押しを頂戴しました。横浜のトライ
アスロンを語るうえで、花上先生は欠かすことの出来ない
存在です。これまでのご尽力に、心より感謝申し上げます。

　世界大会の招致成功の決め手のひとつとなったのは、
1998年頃にほぼ100％の普及率となった下水道整備による
横浜港の水質向上であり、そこに着眼された先生のご貢献
は大きなものがありました。また、本大会のプレイベント
「グリーントライアスロン」では、多くの方に地球環境へ

の意識を高めていただくため、メイン会場の山下公園や海底の清掃活動に取り組んでいます。先生が力を注いでいらっしゃるこのイベントは、今では横浜大会には欠かせない取組です。横浜大会のこのような環境活動は、アジアオリンピック評議会から高く評価され、2018年に日本初となる「スポーツと環境賞」を受賞しています。

　また、「誰でも楽しめるトライアスロン」を目指し、トライアスロンビギナーを対象とした大会の開催や教室の開講など、競技の裾野を拡げる取組も着実に進めていらっしゃいます。こうした取組が実を結び、2019年の市協会の会員数は、横浜大会開催前の2008年から４倍以上となる1,100人にまで増えています。大会の観戦者数も年を追うごとに増え、2019年は過去最高の46万5000人を記録しました。大会の盛り上がりは、さらに市民の皆さんのスポーツへの参加意欲を高め、多くの人の健康作りにも大きく貢献しています。

　横浜大会は、東アジアで唯一開催される世界シリーズとして回を重ね、2019年には第10回記念大会を迎えました。世界のトップアスリートが繰り広げる熾烈な戦いは、毎年、多くの観客を熱狂させ、トライアスロンレガシーは着実に横浜の街に根づいています。おかげ様で横浜大会は、「横浜」という街を世界に発信する大きなイベントに成長しました。

　今後も、変わらぬお力添えをお願いすると同時に、「熱血行動派」、「スポーツマン議員」としての花上先生のますますのご活躍を祈念しています。

横浜市長　林　文子

林文子
（はやし・ふみこ）

1946年東京都生まれ。東京都立青山高等学校卒業。東洋レーヨン株式会社（現東レ）等勤務の後、1977年ホンダの販売店に入社。ＢＭＷ東京株式会社代表取締役社長、株式会社ダイエー代表取締役会長兼CEO、日産自動車株式会社執行役員等を歴任。2009年8月、横浜市長に就任し、2017年8月より3期目。現在、指定都市市長会会長、全国クルーズ活性化会議会長等を務める。

新しいものを受け入れる横浜の気風

　横浜港でトライアスロンの大会をやろう。そうすれば公共下水道整備の成果を市民にアピール出来るのではないか。さらには横浜市が推進するスポーツ振興にも貢献出来ると考えた私ですが、実際に行動を起こすとなると複数の課題と反対意見があることもわかっていました。

　周知のとおり横浜には野球やサッカー、バスケットボールのプロチームがあり、行政にも市民にもスポーツを盛り上げる土壌があります。また歴史をさかのぼってみてもクリケット、ボート、テニス、ラグビーといった西洋のスポーツが横浜を起点に日本全国へ広がっていきました。

　その筆頭が野球です。日本で初めて野球の試合が行われたのは横浜で1871年9月30日、外国人居留民チームと米軍艦の乗組員チームが横浜公園近くのグラウンドで対戦。その5年後の1876年9月には東京・横浜在住の米国人チームと米軍将校チームが試合をし、400〜500人の日本人が観戦したと記録されています。

　そこから野球はおおいに盛り上がり、今日、横浜スタジアムを本拠地する、私も大ファンのDeNAベイスターズに受け継がれていることはいうまでもありません。

　英国発祥のクリケットは明治時代後半、ほとんどの高等

第1章　なぜ横浜でトライアスロンなのか

師範学校でカリキュラムに組み込まれていたことをご存知でしょうか。あるいは同じく英国生まれといわれるテニスも1876年に横浜に上陸し、その年の6月、日本で初めてテニスがプレイされました。その舞台となった山手公園には「日本庭球発祥之地」の碑が建てられています。

　さらにワールドカップの活躍で一躍人気スポーツとなったラグビーも、英国政府が横浜に派遣した第20連隊の兵士たちが駐留軍キャンプでプレイしたのが日本における始まりで、1866年には「横浜フットボールクラブ」が誕生。1899年に慶應義塾大学で日本初のラグビー部発足へと繋がっていきました。

　このようにスポーツに恩恵の深い横浜にあっても、果たしてトライアスロンが受け入れられるかどうか。当時の私には正直なところ自信がありませんでした。

招致を決意した五輪レジェンドのひとこと

　私自身、こどもの頃は筋金入りの野球少年で、74歳になる今も野球はもちろん、スキーや少林寺拳法を楽しむ根っからのスポーツ好きです。自身の政策にもスポーツ振興を掲げ横浜市のスポーツ行政に数多く携わってきました。

　そうしたベースがあったので、トライアスロンに深い関

心を持つまでに時間はかかりませんでした。周囲のトライアスロン愛好家の皆さんにいろいろとお話を聞いていくと、水泳、自転車、ランニングどれをとっても気軽に出来て、こどもから大人まで楽しめることや、80歳を超える愛好家がいることなどがわかり、私の中にあった鉄人レースのイメージはどんどん変わっていきました。

　しかし、その一方で気がかりなのは、やはり知名度の低さです。野球やサッカーと違ってトライアスロンはあまり知られておらず、横浜市に「トライアスロンをやりましょう」と提案しても、端から話を聞いてもらえない可能性がありました。

　何か説得力のある材料はないものか。そう思案していた時です。日本を代表するオリンピックメダリストのひとことが私の迷いを吹き飛ばしました。

　それは1956年にイタリアで開かれたコルチナ・ダンペッツォ冬季オリンピックでスキーのアルペン種目に出場し、銀メダルを獲得して、同種目日本人初のメダリストとなった猪谷千春さんの言葉でした。

　1956年といえば私が10歳になる年で、猪谷さんのメダル獲得に日本中が沸いたことをよく覚えています。教科書にも載るほどの大きな話題でした。つまり私くらいの年代にとって、猪谷さんは国民的ヒーローなのです。

第1章　なぜ横浜でトライアスロンなのか

そんな猪谷さんと私が出会った2005年当時、猪谷さんは国際オリンピック委員会（IOC）副会長であり、公益社団法人日本トライアスロン連合（JTU）の会長をお務めでした。

「なぜスキーの銀メダリストがトライアスロンなのだろう？」と不思議に思ったりもしましたが、雲の上のマイヒーローにお目にかかれた感激はあれから15年以上が経った今でも忘れられません。

その猪谷さんが、これから横浜にトライアスロンの世界大会を招致する旗振り役になる私にこんな話を聞かせてくれました。

「あのね、花上さん。日本ではトライアスロンってあまり知られていないかもしれないけれど、IOCの調査ではオリンピック競技の中で8番目に人気があるんですよ。世界ではたくさんの人が観ている人気スポーツなんです」

トライアスロンがそんなに人気だなんて、衝撃的でした。直近に開かれた2004年アテネオリンピックでは28競技301種目が行われ、その中で8番人気というのはかなりインパクトのある話です。

確かに他のスポーツでも、例えば野球は日本では人気だけれど欧州では競技人口が少なく人気がないということがありますから、きっとそれと同じことがいえるのだろうなと思いました。

よし、これは横浜市を説得する材料になる。

私の中で横浜にトライアスロン世界選手権シリーズを招致しようという腹が決まった瞬間でした。

猪谷千春

公益社団法人日本トライアスロン連合（JTU）
名誉会長

「トライアスロン世界選手権シリーズ」として2009年に始まった「世界トライアスロンシリーズ横浜大会」も2019年に開催10回を数えた。JTU会長として、日本を代表する国際都市横浜で世界大会の開催実現に尽力する一方、IOC副会長（現在は名誉委員）としてオリンピックの未来とスポーツを通した世界平和への貢献を視野に入れていた猪谷千春さんは、横浜大会の足跡を後世に伝えるべきと提言する。

国際都市横浜からスポーツを通じた世界平和への貢献

花上：本書『横浜トライ！　横浜はなぜ世界のトライアスロンシティになったのか？』は、猪谷さんの提案がもとに生まれた本です。

猪谷：2009年の第1回大会を見て、これは1回や2回で終わるものではないと思いました。その直感は当たって、現在も大会は継続されていますが、その経緯について覚えているつもりでも人間の記憶なんて曖昧だから、5年経ち10年が経つと薄れていってしまいます。

そこで大会招致の先頭に立って力を貸してくれた花上喜代志さんに、「これは大会を主催する横浜市のためにも、トライアスロンのためにも、そしてオリンピックのためにも歴史の記録として残しておくべきですよ。記憶がフレッシュなうちに本にまとめた方がいいですよ」とご提案したというわけです。

花上：なぜ横浜大会が長く続くと思われたのですか？

猪谷：横浜大会の招致に動き始めた2005年当時、日本ではそれほどではなかったけれども、世界の若者の間でトライアスロンは非常に人気になり始めていました。国際オリンピック委員会（IOC）がテレビ視聴率や観客動員数、メディアの露出度などから割り出すオリンピック競技の人気順でも8番目にランキングされていて、これはオリンピックの中でも寿命の長い競技になるなと読んでいたわけです。

花上：猪谷さんはスキーアルペン種目の銀メダリストでいらっしゃいます。トライアスロンという全く別の競技の魅力をどんなところに感じているのでしょうか？

猪谷：トライアスロンというのは人々の日常に密着してい

る「泳ぐ」「自転車に乗る」「走る」という3つの動
作から成り立っていますよね。つまりどなたでも馴
染みやすい健康スポーツということです。それから、
トライアスロンのような比較的新しい競技の発展は
IOCのオリンピック運動を推し進めることに繋がり、
ひいてはスポーツを通して世界平和に寄与するとい
うIOCの理念にも合致しますので、そこにも大き
な意義を見出しています。

花上：横浜市の協力を得るために、一緒に当時の横浜市長
だった中田宏市長のところに説明に行った日のこと
を、昨日のように覚えていますよ。

猪谷：花上さんにご一緒してもらって、「開港150周年記念
事業にトライアスロンの大会を入れていただきたい」
という希望を当時の中田宏市長にお伝えにいきまし
たね。中田市長は初めはあまり乗り気ではなかった
ようです。ひと通り話が終わって市長室を退出する
時に「ところで猪谷さん」と呼び止められまして、「水
泳はどこで泳ぐんですか？」とおっしゃったので、
「山下公園の前ですよ」とお答えしたら、「ちょっと
待ってください」と困惑されていました。水質のこ
とをとても心配しておられましたね。

写真左、猪谷千春。写真左、花上喜代志。2017 年の世界トライアスロンシリーズ横浜大会、フィニッシュ前のテントにて

花上：その時は、横浜の海はきれいになったんですと、私
　　　も説明に熱が入ってしまいました（笑）。

猪谷：IOCがちょうど環境問題に関心を寄せ、オリンピッ
　　　クもこれからの時代はサスティナブル（持続可能）
　　　であるべきという方向性を打ち出したタイミングで
　　　した。例えば山を切り拓いてスキーコースを作ると
　　　か、新たな競技会場をどんどん作るという従来のや
　　　り方から、スポーツを通して環境問題に貢献するよ
　　　う方向転換を図ろうとしていたのです。そのことを
　　　お伝えし、「トライアスロンをやることによって、

横浜港の海水をきれいにすると考えるのはどうでしょう？」とお話ししたら、中田市長の反応が俄然変わって、そこから話が折り合っていきましたね。中田市長は環境問題に高い関心をお持ちでした。花上さんの「公共下水道整備の効果を市民にアピールしたい」という思いともぴったり合致して、あの時歯車が噛み合って回りだしたような気がします。

花上：横浜の海が、トライアスロンが出来るほどきれいになったことの証明として、イベントで私が実際に山下公園前の海を泳いで見せたことがあるんです。あの雄姿、猪谷さんにもご覧にいれたかった（笑）。

猪谷：報道で拝見しました。私などはJTU会長を引き受ける際、「トライアスロンの発展のために尽力しますが、私にトライアスロンをやらせるようなことだけは絶対にしないでくださいね」と念押ししたくらいです（笑）。それに引き換え花上さんのお骨折りには本当に頭が下がります。その熱意が横浜市の行政や市議会、神奈川県警、海上保安部、消防署など関係各所を動かし、今日の世界トライアスロンシリーズ横浜大会の継続があるわけですから、花上さんの英断と行動力に感謝をしています。そしてもうひと

つは林文子市長の理解。最大の課題であったスポン
サー集めにも積極的に関わってくださるなど、林市
長の貢献は世界トライアスロンシリーズ横浜大会が
栄えた大きなファクターであり力になっています。

花上：これからの世界トライアスロンシリーズ横浜大会に
どんなことを期待しますか？

猪谷：この大会は国際都市横浜にふさわしいスポーツイベ
ントですから、世界に向けた横浜市のプロモーショ
ンの意味でも、スポーツを通じた世界平和への貢献
のためにも長く続くことを信じてやみません。

猪谷千春
（いがや・ちはる）

1931年生まれ。北海道出身。父からスキーの英才教育を受ける。オリンピックでは1952年オスロ大会で回転11位、1956年コルチナ・ダンペッツオ大会で回転2位となり日本人初の冬季オリンピック及び同種目メダリストとなった。米国ダートマス大学を卒業後、AIU保険会社に入社、アメリカンホーム保険会社社長などを務める。1982年、IOC委員に選出。1994年、公益社団法人日本トライアスロン連合（JTU）会長就任（現在は名誉会長）。1995年、国際トライアスロン連合（ITU）副会長就任（現在WT名誉委員）。2005年にIOC副会長就任（現在は名誉委員）。

第 2 章

立ちはだかる壁を乗り越えて

第2章　立ちはだかる壁を乗り越えて

市議会の一部の反対「汚い・危ない・よく知らない」

　世界トライアスロンシリーズ横浜大会の開催が実現に至るまで、越えなくてはならない壁はいくつもありました。そのひとつが市議会の反対です。

　横浜市の主催でイベントを開くには予算化するために市議会で賛成を得る必要があります。ところが、2005年8月、計画当初はまだ仮称で呼ばれていた「横浜トライアスロン国際大会」の議案を市議会に上げたところ、一部の議員から反対の声が上がりました。

　反対の理由は横浜港の水質問題です。

　「あんなヘドロの海で人を泳がせるのか！」

　水質が改善されたことを証明する調査データに基づき開催を提案したのにもかかわらず、なんて的外れな指摘をするのだろうと思いましたが、実はこういわれることは織り込み済みでした。かつての横浜港には確かに水質汚濁の歴史があったからです。

　昭和40年代の高度経済成長期、京浜工業地帯の発展にともなって大気汚染や水質汚濁が急激に進み、工業排水に汚染された横浜の海は「ヘドロの海」とか「公害の海」といわれていました。

　実際、水質悪化が原因の魚類の死亡事例もしばしばあり、

金沢区の平潟湾にいたハゼが姿を消したという報道もあって、横浜港＝公害の海のイメージは長らく続いていたのです。その横浜港でトライアスロン大会を開き人が泳ぐというのですから、驚くのも当然といえます。

　しかし、公共下水道整備の効果で横浜の海はきれいになり、泳げるレベルにまで改善されているという歴とした調査データがありましたから、私はそれを根拠に反対する議員に、こう訴えかけました。

　「横浜市は公共下水道整備にものすごくお金をかけて、川や海をきれいにしました。水質を調べたら泳げることも確認出来ました。ヘドロの海といわれてきた横浜の海はそれほどきれいになったのです。しかし、残念なことに市民の皆さんはそのことをご存知ありません。それどころか公共工事にお金をかけすぎだとか、無駄遣いだとおっしゃる方が中にはいます。横浜市は市民生活のために意義ある公共インフラを整えたことをわかっていただくための〝証〟が必要なのではないでしょうか」

　もちろんトライアスロンの大会はスポーツイベントですから、横浜市が推進するスポーツ振興にも寄与し、世界規模のイベントを開くことで横浜の都市力を世界に発信出来るなどの利点も説明しました。

　それでも「航行する船と接触したらどうするんだ」などの心配の声があり、「トライアスロンなんて競技、マイナー

でよく知らない」とまでいわれました。

　しかしながら、これも想定の範囲内です。横浜ほどの大都市で、そう簡単に実現出来る類のイベントではないからです。

　この時の横浜市の人口は、ちょうど四国4県を束ねた人口に匹敵するほどの数になっていました。私は、「それほど大きな都市では、様々な意見が出るのは当然だ」と自分にいい聞かせました。

「私が山下公園の海を泳ぎます！」

　反対の声を残しながらも、市議会で賛同を得た横浜トライアスロン国際大会（仮称）は2006年6月、3年後の2009年に控えた「開港150周年記念事業〜市政120周年〜基本計画」に「開催支援」の名目で掲載され、9月には当時の中田宏市長と日本トライアスロン連合（JTU）の猪谷千春会長との間で開催の方向で準備に入ることが確認されました。

　2007年になると2月に大会準備委員会が立ち上がり、4月に当時の国際トライアスロン連合（ITU）レス・マクドナルド前会長が横浜を訪問。これらの動きと並行して神奈川県警察本部にコース案の事前説明が行われ、8月20日にはついに「2009横浜国際トライアスロン大会等組織委員会」の名称で大会組織委員会が発足しました。

また同年、大会主催者である横浜市に「横浜市トライアスロン協会」も創立され、私が初代会長を拝命し、今日も現職にあります。

　これらの体制が整う一方で、一部の市議会や市民に開催を懸念する声があり、説得は続きました。

　信頼性の高いデータを出してもなかなかわかってもらえない方たちがいる。いったいどうすれば理解してもらえるのだろう？

　横浜市とトライアスロン関係者と相談した結果、私はあることを思いつきました。

　「そうだ、数字で納得してもらえないのなら、もっとわかりやすい形で証明しよう。私が実際に泳いで見せれば、横浜の海がきれいだということをわかってもらえるのではないか」

　当時の私は60歳。泳ぎの腕前はといいますと、クロールは全く泳げず、せいぜい平泳ぎを25m泳ぐのが精一杯でした。本格的に海を泳いだことなど、もちろんありません。

　しかし、思い立ったら行動あるのみです。私は大会1年前に予定されていたプレイベントで山下公園前の海を泳ぐと市議会に宣言しました。

　これには皆びっくりです。「また花上さんが突拍子もないことをいい出した！」と誰もが思ったに違いありません。

第2章　立ちはだかる壁を乗り越えて

しかし、横浜の海はヘドロの海というイメージを変えたい議員や市の関係者は多く、味方してくれる方たちの声も数多く寄せられました。

60歳にしてスイムの猛特訓

山下公園の前の海を泳ぐと決めたと同時に、さっそく私のスイム練習が始まりました。五十の手習いどころか、六十の手習いです。

トライアスロンのスイムはクロールで泳ぎます。私は全く泳げないところからのスタートです。クロールで長い距離を泳げるようにならなくてはなりません。

コーチは横浜市トライアスロン協会の小金澤光司さん、神奈川県チャンピオンの伊藤功顕さん、さらに水泳の指導員でもある神奈川県少林寺拳法連盟の佐藤一司理事長らにお願いし、横浜市内は元よりお隣の大和市のプールまで練習に出向き、3週間つきっきりで教えてもらいました。

毎日、プールに通って泳ぐのですが、なぜか腰から下が沈んでしまって上手く泳げません。さらに海を泳ぐオープンウォータースイムでは進む方向を確認するため、顔を前に上げて息継ぎをするので、そのコツをつかむのにも四苦八苦。練習のたびにプールの水を飲みこむ始末。随分と苦しい思いをしました。

そんなこんなで、私は最初の3日間でもう練習が本当に嫌になってしまいました。

　自分が泳ぐといい出したのに困ったな……。でも、やめるわけにはいかない。そう焦る私に横浜市トライアスロン協会のとあるコーチが、NHKの『アインシュタインの眼』という番組を録画したDVDを貸してくました。

　「アテネオリンピック自由形で金メダルを取った柴田亜衣さんが、男性アナウンサーにクロールの泳ぎ方を教えています。見るといいですよ」と勧めてくれたのです。

　私は藁にもすがる思いでそのDVDを見て、翌日の練習で試してみました。

　すると驚いたことに、泳ぎがだいぶ楽になったのです。

　DVDを見る前と後で何が違ったかといえば、まずは姿勢でした。姿勢を真っすぐにして、腕と足を伸ばす。無駄にバタ足をせず2ビートでゆったり足を動かす。これが柴田さんの教えでした。

　これに対して私は下半身が沈むのが怖くて一生懸命に足を動かし、6ビートでバタ足をしていたのです。腰から下が沈む原因はここにありました。

　これで気持ちを持ち直した私は再び前向きに練習に取り組めるようになり、特訓を始めて2週間目に金沢海の公園に出向き、海で練習することが出来ました。そしてついに、クロールで500mを泳げるようになったのです。

第2章　立ちはだかる壁を乗り越えて

命がけの大会1年前イベント

　2008年8月24日、横浜国際トライアスロン大会の開催1年前のプレイベントを迎えました。メイン会場の山下公園には大勢のギャラリーが集まり、大勢のマスコミも取材にやってきました。

　この日のためにやれるだけのことはやったという自信はあるものの、最後まで泳ぎきれなかったどうしようという不安もあり、私の緊張はマックスに達していました。

　そんな私をさりげなく励ましてくれたのは、スイムコーチを引き受けてくれた小金澤さんです。

　「花上会長、大丈夫ですよ。私も一緒に泳ぎますから。今日は念のために足ヒレをつけましょう。その方が楽に泳げますよ」

　足ヒレをつけると推進力が増して素足よりも楽に泳げるというのです。また、トライアスロンのエイジ部門（一般の部）に着用が義務づけられているウエットスーツも着ましたから身体が沈む心配もありませんでした。

　ぶっつけ本番となりましたが、さぁ、準備は整いました。タレントで大会広報親善大使のリサ・ステッグマイヤーさんの「皆さん、ご注目ください。これより花上会長が泳ぎます！」というアナウンスを合図に私はついに海に入りました。

天候は薄曇り。この時の水温は17度。結構冷たく感じる
はずですが、緊張しているせいかそれほど冷たく感じません。

　それよりも山下公園前の海に入った途端、背が立たない
ほど水深が深く、恐怖感が生まれました。

「怖い。本当に大丈夫だろうか」

　ことの重大さを今さらながらに痛感しながら、ふと岸壁
に目をやると、すごい数のギャラリーがじっと私をみつめ
ていました。

　もう後戻りは出来ません。私は意を決して泳ぎ出しまし
た。

　足ヒレの推進力とウエットスーツの浮力のおかげで、思っ
たよりも楽に泳げます。すぐ横では小金澤さんもOKサイ

スタート地点。この階段を降りるとすぐに足がつかなくなるほど十分な
水深がある。海水の透明度が非常に高い

ンを出してくれていました。私は「よし、このまま落ちついていこう」と自分を鼓舞して泳ぎ続けました。

　20ｍほど泳いだ頃だったでしょうか。海水の臭いや汚れはどうだろうと意識が周囲にいくようになり、嫌な臭いは全くしないこと、水の透明度も思った以上に高く、水中の視界は良好で5〜6ｍくらい先までよく見えることを確認しました。

　「あぁ、横浜の海は本当にきれいになったのだ」

　私は泳ぎながら、そのことを実感出来て嬉しくなりました。

　そして、長期に亘る横浜市の公共下水道整備や三層スクリーンを張るなどした水質浄化実証実験、有志による「きれいな海をつくる会」の山下公園海底清掃大作戦などが思い起こされ胸が熱くなりました。

　「本当にいろいろな方にご協力いただいたおかげで、横浜の海がこんなにもきれいになった。その海を私は泳いでいる」。そう思うと力がみなぎりました。

　こうなると景色を見る余裕も出てきます。息継ぎをするたび、往路では山下公園の向こうにホテルニューグランドやマリンタワーが見え、Ｕターン後の復路では大さん橋に接岸する大型客船や桜木町のランドマークタワーが見えました。

　「なんて素晴らしいロケーション！　これぞ横浜！」私はそう心の中で叫びました。

　岸壁に近づくに連れてリサさんの司会の声が聞こえてき

て、「余裕ですね。花上会長が笑顔で泳いでいます！」と
実況してくれたことも嬉しく、感激の連続でした。
　結局、泳いだ距離はトータル300mぐらいだったでしょ
うか。周囲の心配をよそに無事"生還"を果たした私は、
岸壁で見守ってくれていた大勢の方たちの激励を受け、マ
スコミの取材にも応えました。

　イベントの様子はさっそく夕方、NHKの首都圏ニュー
スで放送され、翌朝のほとんどの新聞にも記事が載って、
私の談話などで横浜港の水質は問題ない、泳いでも大丈夫
だということを多くの市民に知ってもらうことが出来ました。
　これを機に心配していた市議会や市民の空気もガラリと

泳ぎ切った後のあいさつの風景。写真中央・花上喜代志

第2章　立ちはだかる壁を乗り越えて

変わりました。水質を理由に反対する声はもうありません。

　私の泳ぎは決して格好のいい泳ぎではなかったと思います。それでも真剣に命がけで泳いだことが説得力に繋がったのではないでしょうか。一生涯忘れられない出来事です。

難航したコース設定

　世界トライアスロンシリーズ横浜大会の最大の魅力は、なんといってもコースの素晴らしさでしょう。

　メイン会場の山下公園を皮切りに、「キングの塔」の愛称で親しまれている神奈川県庁本庁舎や「ジャックの塔」の愛称でおなじみの横浜開港記念会館といった国指定重要文化財、そして2018年から敷地内がバイクコースとなった横浜赤レンガ倉庫など、いずれも街のシンボルを巡ります。

　この世界屈指の市街地コースはどのようにして誕生したか、気になる方は多いのではないでしょうか。

　コース決定までの道のりは難題の山積みでした。まずコース計画の第1案を神奈川県警察本部に提出したのが2007年5月。その1か月後にいくつもの問題点を突きつけられました。

　中でも問題視されたのがバイクコースです。

　現在のバイクコースはメイン会場の山下公園からみなとみらいへ向かう4.45km×9周の周回コースですが、第1案

では港の見える丘公園や外国人墓地で知られる山手町を回り山下公園に戻ってくる6.57km×6周の周回コースでした。

　これは当時のITUの意向に沿ったものでした。とりわけ自身もトライアスリートであるレス・マクドナルド前会長が山手コースをいたく気に入って、「いいコースだ。是非ここでやりたい」と強く希望されたのです。

　しかし、神奈川県警察本部にしてみればとんでもないことです。山手町は丘陵地に広がる住宅街ですから、もしこのエリアがバイクコースになれば車やバスの通行が規制され、住民の足を奪うことになります。

　また、あの辺りは総じて道路幅が狭く、スピードの出るロードバイクが疾走するのはとても危険だとも指摘されました。

　さらに問題だったのが、通称「コンテナ街道」と呼ばれる国道133号線の交通規制です。

　当初、私たちの作った計画案では山下公園でスイムを終えた後、バイクはコンテナ街道を横断し横浜スタジアムのある関内方面へ向かい、山手町へ上っていくコースでした。

　これについて神奈川県警察本部からは「幹線道路を止めれば大渋滞になる。迂回路も取れないし、一般交通へ与える影響が余りにも大きすぎる」と指摘され、このバイクコースは承認しかねるといわれました。

第2章　立ちはだかる壁を乗り越えて

　同様にスイムコースは海上保安庁の横浜海上保安部、コース全般においてはコースとなる道路の補修をお願いする道路局、救急車の待機をお願いする消防局を始めとする関係各所への説明もありましたから、作業は複雑を極めました。

　しかし、この難しい任務の矢面に立ち、各方面との調整を見事にまとめてくれたのが、大会組織委員会事務局で交通規制対策を担当していた酒井信治さんです。

　当時、横浜市市民活力推進局スポーツ振興課の担当係長だった酒井さんは50代半ばで体格がよく、一見強面だけど心の優しい頼れる男でした。市役所の職員というよりも警察官のような精悍さで、一歩も引かない押しの強さもありましたから、手厳しい神奈川県警察本部と交渉するには適任だったと思います。

　その酒井さんは現在も世界トライアスロンシリーズ横浜大会組織委員会の事務局次長として関係各所との調整を担ってくれていて、2009年の第1回大会のコース計画を知る唯一のメンバーとなりました。まさに生き字引のような存在です。

酒井信治

元横浜市市民活力推進局スポーツ振興課担当係長
現世界トライアスロンシリーズ横浜大会組織委員会
事務局次長

幻と消えた山手元町コース

　2007年5月、神奈川県警察本部に提出したバイクコース計画の第1案は、現在のみなとみらい方面を周回する平坦コースとは対照的に山手町を周回する起伏のあるコースでした。

　ルートはこうです。まず山下公園を出て関内の横浜スタジアムへ向かい、旧市庁舎前を通って長者町へ抜け、中村川を渡った辺りから始まる登り坂で山手町へ上がる。そして、山手通りを進んで港の見える丘公園の坂を下り元町へ降りて、堀川にかかる谷戸橋を渡って山下公園に戻ってくるというものでした。

　起伏のあるコース設定は当時の国際トライアスロン連合（ITU）からの要望です。聞けばトライアスロンに限らず自転車レースでは、坂道で選手の技量の差が出るため選手にとっては走り応えがあり、観客にとっては見応えのあるレース展開が期待出来るとのことでした。

　ちなみに坂道の割合はコース距離の5〜8％程度がよいと

いうことですが、山手町に繋がる登り及び下り坂はちょうどその条件を満たしていました。

　ところが、この計画に待ったがかかりました。神奈川県警察本部です。

　最初に計画を見せた時、「信号機がいくつあると思っているんですか。36基ですよ」と指摘され、これを皮切りに横断歩道が81か所、信号のない交差点が60か所、バス停が18か所、さらに有料駐車場が16か所あると聞かされました。

　山手エリアには観光名所が複数あるため土曜・日曜は観光客の車で混み合い、有料駐車場の出入りが激しくなるということでした。

　いわれてみれば確かにその通りです。この地区に交通規制をかけた場合、住民や観光客にどれほどの迷惑がかかるか都市部でコースを作る難しさを実感させられる説明でした。

　一方、ランコースは山下公園から横浜スタジアムの南側を走り西の橋へ、そして元町商店街のメインストリートを駆け抜け、山下公園でフィニッシュする3.47km×3周回のコースでした。

　残念なことに、この元町商店街のランコースはバイクコースの計画案が通らなかったため、ボツになってしまいました。もし、元町商店街でレースが実現していたら、さぞ賑やかだったことでしょう。そう思うと今でも心残りですが、

こうして山手元町コースは幻と消えたのでした。

　第2案以降のバイクコースとランコースはみなとみらい方面に変更しました。ところがここでも問題発生。焦点となったのはコンテナ街道（国道133号線）の交通規制でした。第1案でも幹線道路のコンテナ街道を止めれば大渋滞を招くと、神奈川県警察本部から指摘されました。しかし、こちらとしてもコンテナ街道を外すわけにはいきません。なぜなら横浜のシンボル、横浜三塔のひとつである神奈川県庁本庁舎《キングの塔》をどうしてもルートに入れたかったからです。

　しかし、神奈川県庁本庁舎はコンテナ街道に面しています。さてどうしたものかと思案した結果、コンテナ街道を横断せずに県庁側2車線のみをコースに組み込み、もう片側2車線を相互通行させ、通行止めにさせないことで解決に至りました。

　こうして神奈川県庁本庁舎《キングの塔》、横浜開港記念会館《ジャックの塔》、そして横浜税関《クイーンの塔》の横浜三塔をバイクとランが駆け抜けるコースは、今日も続く世界トライアスロンシリーズ横浜大会を象徴する名場面となったのです。

　海の方の調整も大変でした。スイムコースのスタート地

点のすぐ後ろには大さん橋があり、国際客船ターミナルに大型客船が出入りしますから、横浜市港湾局にかけあって、レースが行われる週末だけは船を入れないでもらうようお願いしました。

　競技への直接的な影響もさることながら、大型客船が停泊した場合、乗客を送迎する大型バスやタクシーが頻繁に大さん橋に出入りし、バイクとランの交通規制とバッティングするからです。

　港湾局にしてみれば困ったお願いです。それを承知で私たちは横浜市が一致団結して開港150周年記念事業を成功させようじゃないかと訴え、港湾局も"オール横浜"の対応をしてくれました。

　また、海の警察といわれる海上保安庁の横浜海上保安部にも随分無理なお願いを聞いてもらいました。

　いずれも根気のいる調整ばかりでしたが、こうして当時を振り返ると、多くの皆さんにご協力をいただいたと改めて感謝します。同時に計画が暗礁に乗り上げるたびに、横浜市職員として、大会組織委員会の一員として、矜恃をもって奮闘する毎日だったと懐かしく思います。

　2009年の第1回大会でスイムスタートを告げるホーンの音が鳴り響いた時、「いろいろなことがあったけれど、スタート出来て本当によかった」と自然に涙が出ました。あの時の感激は今でも忘れられません。

コースの距離計測

　ところで、コースの距離はどうやって測ったと思います
か？

　スイムコース（0.75km×2周回＝1.5km）の計測は、
GPSを使用し、スタート地点であるポンツーン（仮設浮き
桟橋）、海上に設置しているブイ4か所、そしてスイムフィ
ニッシュ地点の緯度・経度をポイントにして算出していま
す。また、コース上のブイは微調整を行いながら距離に支
障が出ないように設置しています。

　ちなみに、第1ブイの位置は選手同士のバトルを少しで
も緩和するため、スタート地点から出来る限り遠方に設置
する必要があります。

　次にバイクコース（5km×8周回＝40km）。マップ上に
おおよそ5kmのコースを描き、そのコースをバイクで走
行し、距離メーターで確認します。最終的な距離調整は折
り返しポイントを移動させ修正していきます。

　ちなみに40kmのバイクコースには技術代表が承認し
たことを前提に、±10％の許容誤差が認められていて、
前後4kmの誤差ならOKです。これがマラソンになると
42.195kmの＋42mまでしか誤差は許されず、これに1m
でも足りなければ大会記録は公認されません。そう考えると、

第2章　立ちはだかる壁を乗り越えて

トライアスロンはかなり寛容といえるでしょう。

それにはトライアスロンならではの事情があります。

もともと開催地ごとの地形を生かしてコースを作るトライアスロンでは、特にスイムとバイクのコースは厳密な距離が設定出来ないという考え方があるのです。

また、レースはコースの形状やその時々の海や風の状態、天候などのコンディションに大きく左右されるため、横浜で行われている世界トライアスロンシリーズにおいては、タイムによる世界記録を競うのではなく、レースごとの着順によるポイントを合計し、年間チャンピオンを決めるという特徴があります。

ただし、ランコースには正確さが求められるため、第1回の大会時には距離測定器を使ってコースを設定しています。距離測定器とは通称「コロコロ」とも呼ばれる、スティックの先に小さな車輪がついた道具です。それをコロコロと転がしながら地道に歩いて測るのです。

その後、国際トライアスロン連合からより厳密なランコース距離測定を求められたため、日本陸上競技連盟のコース計測員資格を持つ検定員2名の方に協力をお願いしました。方法は、検定員の自転車に日本陸上競技連盟で定められたカウンターをつけ、事前に直線400mで数値がいくつ進むかをチェックしておきます。その後、実際のランコー

スを走り、2台の自転車のカウンターに表示された数値の平均値を積み重ね、距離を割り出す作業を行いました。自転車2台走らせるのは数値の誤差をなくすためです。

「港の親分」に直談判

　横浜でトライアスロン大会を開催するにあたってはもうひとり、理解を得なくてはならないキーマンがいました。当時、横浜港運協会会長だった、藤木幸夫さんです。

　横浜港運協会は横浜港の港湾事業者約240社からなる団体で、2020年6月までトップを務めた藤木会長は23年間、横浜の港湾産業の近代化と発展に尽力されました。その功績と存在感から「港の親分」「ハマのドン」と呼ばれている方です。

　この藤木会長にまずは了解を得なければならないと考えました。会長とは面識もあり、これまでともに港湾事業に取り組んだ経緯もありましたので、ここはひとつサシで話を聞いてもらおうと、単身で会長のもとに向かいました。

　とはいうものの、道中はさすがに気が重くて、「横浜港で泳ぎたいなんて、本気にしてもらえるかな」と心配になりました。でも、大会実現のためには絶対に避けて通れない関門ですから、率直に話すしかないと腹を決めこう伝え

ました。

　「藤木会長、トライアスロンという競技をご存知だと思います。オリンピックでも8番目に人気のあるスポーツなんです。私は横浜港がきれいになったことを証明するためにも、このトライアスロンを横浜でやりたいのです。是非ご協力をお願いします」

　そういって頭を下げると、藤木会長はこういいました。

　「ああ、そうかね。この間、山下公園の氷川丸のところに行って海を見たら、昔のようにきれいでね。いいよ、応援するよ」

　まさかその場で快諾していただけるとは思いませんでしたから、私は急にほっとして一気に肩の力が抜けました。

　藤木会長は横浜港を愛する港湾人です。昔のようなきれいな海にしたいという思いはかねてからお持ちでした。

　また、藤木会長は義理人情に大変厚い方です。事務所で出してくれるコーヒーのマグカップにはアルファベット3文字で「GNO」と書かれていました。以前、私もその意味がわからず「会長、GNOって何ですか？」とたずねたことがありましたけれども、「Gは義理、Nは人情、Oは恩返しだよ」と教えてくれました。

　人生はGNO。豪腕で知られる藤木会長の人生訓です。

大会費用3億円をどう集めるか

　大規模なスポーツイベントを開くには多額の費用がかかります。2009年のトライアスロン世界選手権横浜大会にも約3億円の費用が必要で、これをどう集めるかは大きな課題でした。

　5,000万円は横浜市のスポーツ振興のための財源から建て替え、決算時に返済する形を取りましたので実質的に税金は使っていません。それは現在も同じです。

　残りの大半は私たちが「パートナー」と呼ぶスポンサー企業から支援を募りました。これには横浜市の職員が奔走してくれましたが、彼らは公務員でスポンサー集めなどしたことがありません。そんな不慣れな仕事を広告代理店も入れずやってのけてくれたのです。

　陣頭指揮をとったのは「世界こどもスポーツサミットin横浜」と「世界キッズトライアスロン大会」を仕切ってくれた横浜市市民局の西山雄二元局長と、「横浜こどもスポーツ基金」の創立に尽力してくれた大会組織委員会の大久保拳志事務総長でした。

　おふたりは部下を連れて地元企業や地元商店街を回りながら、大会の価値と横浜市のスポーツを通じた環境保全への取り組みを根気強く説明して理解を取りつけてくれました。それが単年では終わらず、今日までの息の長いスポン

第2章　立ちはだかる壁を乗り越えて

サー支援に繋がっています。

　さらに2009年8月、中田宏市長に代わって就任した林文子市長も率先して動いてくれました。

　林市長といえば政界入りする前はダイエーや東京日産自動車販売など、大企業のトップを歴任した方ですから、企業とのお付き合いは百戦錬磨です。特にホスピタリティあふれる「おもてなし」の精神は、そうそうたる企業の経営者たちが「感激した」と口々にいうほど素晴らしいものでした。

　こうして徐々に支援の輪は広がり、11回大会を迎えた2021年はメインパートナーであるＥＮＥＯＳ、ローソン、ＮＴＴ東日本の３社を始め、60社を超える企業や大学などが世界トライアスロンシリーズ横浜大会を支援してくれています。

「横浜トライアスロン」に見る
スポーツのチカラ

野球漬けの少年時代と病魔

　私は政治家になってこの方、自身の政策にもスポーツを通じた健全な社会作りを掲げ、地域の活性化に情熱を傾けてきました。世界トライアスロンシリーズ（2011年までトライアスロン世界選手権シリーズ）の横浜誘致と開催継続もそのひとつです。

　スポーツはするのも見るのも大好きです。こどもの頃は筋金入りの野球少年で、地元の少年野球チームで明けても暮れても野球に没頭する日々でした。

　時代は戦後復興が続く1950年代。国民の娯楽としてプロ野球人気が高まっていた時期で、特に1958年に日本プロ野球史に残るスーパースター・長嶋茂雄が登場してからは野球少年の多くが長嶋選手に憧れていました。

　私のいた少年野球チームでも皆、長嶋選手と同じ背番号「3」をつけてサードを守り、クリーンナップを打ちたがって、チーム結成当時などは背番号3をつけて集合場所に来る子が4人もいたほどです。

　何を隠そう私もそのひとりでしたが、実際に背番号3とサードのポジションを掴み取って、当時住んでいた相模原の大会で優勝したこともありました。

　甲子園に出て、プロ野球選手になりたい！　それが私の夢でしたから、中学でも野球部に入って部活動に打ち込み

ました。ところが2年生の春、その夢は断たれてしまいます。

　小学3年生の時にかかった骨髄炎という骨の難治病が再発し、2回目の骨移植手術を受けることになり、その影響で両足にハンデを負ったのです。

　歩く分には不自由ありませんが、全力で走ることは出来ず、激しいトレーニングも出来なくなって野球を諦めなければなりませんでした。

　幸い監督の勧めでスコアラーとして部活に残りはしましたが、甲子園に出る夢にもプロ野球選手になる夢にも挑戦出来ず、目の前は真っ暗。「なぜ自分だけが」という理不尽な思いでいっぱいになり、元気に野球をする仲間たちを見てうらやましくて仕方がありませんでした。

人生ポジティブに！　いくつになっても挑戦

　それでも高校3年生になると別の夢を見つけることが出来ました。政治家になる夢です。

　ちょうど1964年に東京オリンピックが開かれた時で、日本経済が急速に発展する一方、政治はというと、米麦などの政府食糧をめぐる「日通事件」など、政治家の汚職問題が相次いでいました。

　私は高校生ながらに「こんな政治じゃ駄目だ」と危機感を持ち、自分が政治家になって日本の政治を変えるのだと

鼻息を荒くしていました。

　政治家になるなら、まず大学に進学して勉強しなければなりません。そこで私は両親に学費を出してもらえるよう頼んだのですが、わが家は鉄鋼労働者の家庭だったものですから、「お前ね、うちに大学へやるような余裕はないんだよ」と母にぴしゃりといわれてしまいました。

　それでも入学金の17万円を何とか工面してもらい、学費は自分でアルバイトをして稼ぎました。大卒初任給が2万3000円の時代ですから、両親にしてみれば17万円だって大変だったと思います。

　こうして私は当時、政治家志望の学生に人気のあった専修大学法学部に進学することが出来ました。なぜ専修大学が人気だったかというと、岸信介内閣で自民党幹事長を務めた川島正次郎総長がいたのと、他の私立大学に比べ学費が安かったのが大きな理由でした。

　大学では話術を磨こうと雄弁会に入り、4年生の時には全日本大学弁論大会で優勝して、「よし、自分は政治家になれるぞ」と自信を深めました。

　実際に32歳で市会議員となり、横浜市政に携わらせてもらって40年以上。骨髄炎とは一生の付き合いですが、今も政治家として元気に働かせてもらえるのは病気になったおかげだと思うのです。病気になったから野球を諦め、政治家になる夢を見つけられたのですから。

よく「花上さんはポジティブだね」といわれますが、「災い転じて福と成す」という言葉があるように、人生は考え方ひとつで楽に生きられるというのが私の持論です。

　生きる上で大事なのは社会の尺度ではなく自分の尺度で物事を考えることではないでしょうか。プロ野球選手になるとか政治家になるなんていうと、「そんなの無理に決まっている」と笑う方もいるでしょう。しかし、それを気にして誰かが決めた尺度で生きるのは息苦しい。挑戦するのはその方の自由なのです。

　私は「挑戦」という言葉が大好きです。だから60歳でクロールを覚えて山下公園前の海を泳ぐという無謀な挑戦も出来ました。

　足を傷めているのでトライアスロンに挑戦出来ないのが残念ですが、それでも65歳の時、スキーのバッジテスト最高位の1級を取り、その年に少林寺拳法4段も取りました。

　そして、現在74歳。私の尊敬するプロスキーヤーで登山家の三浦雄一郎さんは2013年、80歳で3度目のエベレスト登頂に成功していますから、私も80歳で何が出来るか楽しみで仕方ありません。

　挑戦に年齢は関係ない。人生いくつになっても挑戦です。

インクルーシブなキッズプログラム

　2009年に横浜開港150周年記念事業のひとつとして初開催されたトライアスロン世界選手権シリーズ横浜大会（現在の世界トライアスロンシリーズ横浜大会）は「世界キッズトライアスロン大会」「世界こどもスポーツサミット in 横浜」との三本柱だったことが特徴的です。

　どちらも世界初の試みで、世界キッズトライアスロン大会には6〜15歳を対象に30の国と地域から総勢258人が参加。世界こどもスポーツサミット in 横浜にはそのうち16か国・地域の178人が参加しました。

　どのこどもにとってもこれが初めての国際大会でしたから、スタート前は緊張した様子でしたが、レースが始まるや否やいきいきとして、私は「こどもがトライアスロンをするなんてすごいな」と感動するとともに、トライアスロンは年齢を問わず出来るスポーツだと納得しました。

　世界こどもスポーツサミット in 横浜はレースの2日前に開かれ、フェアプレーの尊さや互いの国と地域の文化を学ぶ他、世界が抱える環境問題や平和問題について語り合うスポーツを通じた国際交流の場となりました。そして、そこで交わされた議論は「世界こどもスポーツ横浜宣言」にまとめられ、スポーツサミットを後援してくれた国際オリ

ンピック委員会（IOC）に報告。英語とフランス語に翻訳され、IOCの協力のもと世界中のメディアに取り上げられました。

　開港150周年の節目に「環境行動都市・横浜」「国際平和都市・横浜」を国内外にアピール出来たことは横浜市の歴史に刻まれる大きな出来事でしたし、言語も、育った環境も異なるこどもたちが相互理解を深め友情を育んだことも、多様性あるインクルーシブな未来に繋がると確信しました。

　もうひとつ、第4回世界トライアスロンシリーズ横浜大会が開催された2013年に「横浜こどもスポーツ基金」が創立されたことにも大きな意味がありました。

　当時、横浜市はこどもたち——、とりわけ障がいのあるこどもたちに向け、スポーツを通じて地域活動に参加する環境作りをしたいと考えていました。そこに2009年のトライアスロン世界選手権シリーズ横浜大会成功の実績があったものですから、現在、大会のキッズパートナーになってくださっている「ジョンソン株式会社」の賛同を得て横浜こどもスポーツ基金が立ち上がり、横浜市で開催されるスポーツ交流事業や関連イベントなどに寄付や助成が行われています。

西山雄二

元横浜市市民局局長・現横浜市市民局理事
スポーツ統括室長

世界こどもスポーツサミット in 横浜

　「世界キッズトライアスロン大会」と「世界こどもスポーツサミット in 横浜」は、私の35年以上に及ぶ職員人生の中でも飛び抜けて思い出深いプロジェクトでした。

　「世界トライアスロンシリーズ横浜大会」は横浜市を挙げて迎える開港150周年記念事業の柱のひとつでしたから、職員の立場としてはなんとしても成功させねばなりません。また私自身、スポーツが大好きなこともあり、横浜のこどもたちの将来に繋がるような国際的なスポーツ体験をさせてあげたいという思いがありました。

　まず、2009年8月21日、パシフィコ横浜の会議センターメインホールで世界こどもスポーツサミット in 横浜が幕を開けました。テーマは「フェアプレーの精神でよりよい未来（環境・平和）を作ろう！」

　よりよい未来のために、スポーツを通じて何が出来るかをこどもたち自身が考え、意見を交換し合う場となりました。

参加したのは16の国と地域から集まった178人。それと本番2か月前からインターネット会議で議論を深めてきた日本と海外の代表キャプテン、同サミットをサポートしてくれた学生コーディネーター、そこに来賓や一般参加者を合わせ総勢927人という盛況ぶりで、座席数1,004席のメインホールがほぼ満席となりました。

　世界こどもスポーツサミットin横浜の特筆すべき点は、本番のその日限りで終わらなかったことです。6月7日の結団式と日本代表キャプテン会議でスタートし、日本と海外のキャプテンによる複数回のインターネット会議を経て、8月19日、ようやく国内外の参加者が横浜入り。「横浜市民ふれあいの里 上郷・森の家」と「横浜市野島青少年研修センター」の2か所に分かれて宿泊し、本番前日の8月20日には様々な交流活動を行いました。

　そのプログラムの中に炊事をしながらコミュニケーションを図るとともに、海外の参加者に日本の食文化を体験してもらう時間があり、白玉だんご、カレー、豆乳プリンを皆で楽しみながら作ったのですが、中には「レースに出るために来たのに、なぜ料理をしなきゃならないのか」という海外チームのコーチがいたり、「家ではお手伝いさんが料理をしてくれる。だから私は料理はしない」ということ

もがいたりして、交流活動の趣旨をご理解いただくのにとても苦労しました。

　スポーツサミット当日は朝10時から夕方5時近くまで、それまでに重ねてきたインターネット会議の経過報告をしたり、サミットの総合コーディネーターを務めていただいた早稲田大学スポーツ科学学術院の間野義之教授、シドニーオリンピック競泳400mメドレーリレー銅メダルの田中雅美さんの基調講演を聞いたりしました。そしてメインイベントである「環境」「健康」「友情・平和」「努力・挑戦」「フェアプレー」の5つのキーワードでグループ発表が行われ、こどもたちが自由に意見や質問を交わしました。

　あまりにも活発なやり取りに、客席の大人からも質問が飛び出し、その様子を目の当たりにした私は、「無事に開催出来てよかった。骨を折った甲斐があった」と胸を撫でおろしたものです。

　間野教授のアドバイスのもと、こどもたちの議論をまとめた「世界こどもスポーツ横浜宣言」は、私が日本代表キャプテンの寺崎愛海さん（当時、小学6年生）、佐渡亘さん（当時、小学5年生）のふたりを連れてスイス・ローザンヌにある国際オリンピック委員会（IOC）本部まで、公益社団法人日本トライアスロン連合（JTU）の名誉会長で、IOC

委員でもある猪谷千春氏の介添えの元に届けました。

　9月22日。当時、IOC会長だったジャック・ロゲ氏と面会する機会に恵まれ、こどもたちと直接宣言文を手渡すと、ロゲ会長は「友情」「連帯」「フェアプレー」「相互理解」を謳うIOCのオリンピック精神に通じると喜んでくれて、「東洋のこどもたちがこんなにもオリンピック精神を思い、広めてくれて大変嬉しい」と世界こどもスポーツ横浜宣言を高く評価してくれました。

　これには感激しました。一介の市役所職員がまさかロゲ会長にお目にかかれるなど夢にも思っていませんでしたから、スポーツ好きのおじさんとしてはおそらくこどもたちよりも興奮していたのではないかと思います。

　もちろん寺崎さんと佐渡さんも「ローザンヌのオリンピックミュージアムやスイスの自然に感動した」「一生忘れられないワクワク、ドキドキの経験だった」と喜んでくれて、このプロジェクトが成功したことを実感することが出来ました。

世界キッズトライアスロン大会

　世界こどもスポーツサミットin横浜の2日後、8月23日に実施された世界キッズトライアスロン大会にはサミットに参加したこどもを含む30の国・地域から258人が出場し

ました。

　こどもたちのレースということでスイム会場となる横浜港の水質改善を行い、さらに安全には十分配慮し、会場は公道を避けた山下公園と山下埠頭に特設コースを作りました。

　まず午後1時に6〜9歳の部（スイム100m、バイク5km、ラン1km＝計6.1km）、午後2時5分には10〜15歳の部（スイム150m、バイク10km、ラン2km＝計12.15km）がスタート。安全対策としてスイムコースの救護に万全を期し、救命ボートやライフセーバー、潜水士、警戒船などを手厚く配備。バイクとランコースも事前に路面の破損や劣化をチェックし、一部補修工事を施して転倒防止に努めました。

　幸いレースは無事に終えることが出来ましたが、課題はいくつか浮き彫りになりました。例えばバイクパートで2周回するところを1周回でランコースに向かってしまうこどもがいたり。どうやらコース脇の声援を聞いて勘違いしてしまったようで、小さなこどもの誘導の難しさを痛感しました。

　表彰式では、同日の午前に行われたトライアスロン世界選手権シリーズで迫力溢れるレースを見せてくれた日本代表のオリンピアンの井手樹里選手と田山寛豪選手がプレゼンターを務め、上位入賞を果たしたこどもたちにメダルを

かけてくれました。

　メダルを手にした子はもちろん、そうでない子も初の国際大会を戦い終えた達成感に満ちあふれた表情をしていて、その中には当時15歳だった浅海健太さんという横浜在住のキッズトライアスリートもいました。彼は現在、エリート選手として活躍しています。2020年11月の日本トライアスロン選手権（東京・台場）では自己最高の7位入賞も果たし、2009年のこの事業が横浜のスポーツのレガシーとして繋がったことを誇りに思いました。

大久保拳志

世界トライアスロンシリーズ・
パラトライアスロンシリーズ横浜大会組織委員会
事務総長

「横浜こどもスポーツ基金」とその役割

　横浜こどもスポーツ基金は2013年6月、横浜に本社がある、家庭用洗剤の製造販売で知られるグローバルメーカー「ジョンソン株式会社」の寄付によって誕生しました。

　基金発足の経緯はこうです。2009年にトライアスロン世界選手権シリーズ横浜大会が成功しましたが、翌2010年はAPEC（アジア太平洋経済協力会議）の横浜開催につき大規模イベントが自粛されたため、大会の開催地が韓国・ソウルに移りました。

　しかし、横浜市民や各種団体から、再度の横浜大会開催の要望を受けたことにより、ソウルでの大会開催時、横浜市として国際トライアスロン連合（ITU、現WT）へのロビー外交を繰り広げます。その結果、開催都市間の競争に打ち勝ち、2011年に再び横浜で開催することになったのです。

　横浜での2度目の大会開催は、第1回大会と比べ、さらなる質の高い大会を目指すこととなり、大会を支援していた

だける新たなパートナー企業を探す必要が出てきました。

　そこで、第1回横浜大会時に繋がりが出来た、ジョンソン株式会社に改めて、2011横浜大会へのご支援の相談を持ちかけたのです。

　しかし、その頃すでに、ジョンソン株式会社は横浜市を中心とした神奈川県全域で恵まれないこどもや障がいを持つこどもを中心とした地域活動の支援に力を入れていました。

　私たちがアプローチした時期は、ちょうど支援の規模を広げたいと考えていたタイミングでしたが、米国本社の意向もあり、特定競技へのスポンサードではなく、障がいを持つこどもたちへ広く支援出来る制度を工夫して欲しいとの要請をいただきました。

　これを受け、制度創設まで1年近くかかりましたが、それならば、恵まれないこどもたちや障がいを持つこどもたちがスポーツを通じて夢と希望をもって生活出来る機会創出に力を貸していただけないかと、「横浜こどもスポーツ基金」の創設をご提案したところ、ご賛同いただけたというわけです。

　自身もエイジグループトライアスリートでもある代表取締役社長の鷲津雅広氏は、「未来ある多くのこどもたちがスポーツを通じ夢と希望を持って豊かに成長して欲しい。将来パラリンピックなどの国際舞台で活躍したいと願うこ

どもたちが育つ環境作りを願っています。それがこの基金の意義です」とおっしゃって、2013年の基金創設以来、支援を続けてくださっています。

　横浜こどもスポーツ基金の主な活動としては、横浜市で開催されるトライアスロンやマラソン事業、横浜市を拠点とするプロスポーツチームや横浜に縁のあるオリンピアン・パラリンピアンとの交流事業、パラリンピック競技の体験事業、プロスポーツチームや国際大会の観戦事業、障がいの有無を問わず誰もが参加出来るイベント交流事業、横浜スポーツ基金の活動を広く知ってもらうための普及啓発事業及び寄付事業など多岐に亘ります。

　この横浜トライアスロンを通じて創設された横浜こどもスポーツ基金により、支援を受けた多くのこどもたちが、近い将来、オリンピック・パラリンピックや世界トライアスロンシリーズ横浜大会へ選手や大会運営などに関わり活躍する姿こそが、横浜に国際トライアスロン大会を誘致したレガシーである、平等性・多様性・共生調和だと思いました。

社会を変えられるパラトライアスロン

　世界トライアスロンシリーズ横浜大会では、障がいのある選手が対象のパラトライアスロン競技も行われています。初開催は2012年。パラリンピックの正式競技に採用されたのが2016年リオデジャネイロ大会ですから、それよりも先の導入で2017年にはこのパラトライアスロンが世界でシリーズ化されました。

　私はパラトライアスロンに社会を変える大きなパワーを感じています。理由の一番は選手たちのチャレンジ精神。身体に様々な障がいがあっても他の機能や道具を駆使して、3種目あるトライアスロンをやってのけるのです。

　パラトライアスロンではオリンピックのトライアスロン競技の半分の距離にあたるスイム750m、バイク20km、ラン5kmの計25.75kmを泳いで走りますが、私も初めてレースを見た時は「人間にはこんなにすごいパワーが秘められているんだ。やれば出来るんだ」と衝撃を受けたものです。

　道具のユニークさもパラトライアスロンの魅力です。特に自転車はバラエティに富んでいて、障がいの状態やレベルに合わせ改造されているロードバイク、手で漕ぐハンドサイクルやガイドと呼ばれる伴走者と2人乗りするタンデムバイクなどがあり、見ていてとても面白いのです。

　ランも両足に障がいがある選手はレーサーと呼ばれる競技用車椅子を使ったり、義足や義手の選手もその形状は多種多様です。

　もちろんこれらの道具にはルールがありますが、パラトライアスロンには「出来ないこと」に目を向けるのではなく、「どうすれば出来るか」を考える創意工夫があります。私はそこに既成概念にとらわれず自由な発想で生きる人生のヒントがあると考えます。

　選手たちが食事や買い物に出かける際、義足を丸出しにしている、これもまたいいのです。今でこそ日本でもパラリンピックや障がい者アスリートの存在が広く知られるようになりましたが、横浜でパラトライアスロンが行われた2012年当時はそれほど認知されておらず、横浜の街中を堂々と義足を見せて歩く方もほぼいなかったと思います。

　かくいう私も義足で街を闊歩する選手たちを初めて見た時は仰天しました。「義足は隠すもの」という悪しき風習が自分の中にも刷り込まれていたのでしょう。

　でも、それは誤った考え方です。障がいはその方の個性ですし、パラトライアスリートが身体の一部である義足を隠す必要などありません。そのことに私は遅まきながら気づかせてもらいました。

　それに人間はすぐに慣れる生き物です。義足も見慣れて

しまうと一向に気にならなくなり、「それはどうなっているの？」などと気軽に聞けるようにもなりました。

　大会を重ねるたび、私のような人が増えて欲しいと思っています。レースを見に来た観客はもちろん、山下公園やみなとみらいを訪れた観光客、たまたまコースを通りかかった地元の方たちがパラトライアスリートたちの勇姿を見て、それがきっかけとなり認知と理解が進めば、今日、世界中が目指すインクルーシブな共生社会が日本でも実現するのではないかと考えるからです。

　2014年からパラトライアスロンはエリート部門に加え、一般の障がい者が出場出来るエイジ部門が始まり、障がいのあるトライアスロン愛好家がレースを「みる」だけでなく「する」ようにもなりました。これも世界トライアスロンシリーズ横浜大会の進化といえるでしょう。

トライアスロンを通じた環境保全活動

　世界トライアスロンシリーズ横浜大会は環境保護にも一役買っています。海を泳ぐ選手のためにも、横浜の環境のためにも、ひいては地球環境のためにも、横浜の海を美しくする活動を、横浜市、JTU、大会組織委員会が三位一体となって継続しているのです。

　例えば、スイム会場の山下公園前の海域における水質浄

第3章 「横浜トライアスロン」に見るスポーツのチカラ

化実証実験は「昔のようなきれいな海を作ろう」をスローガンに、第1回大会が開かれた2年前の2007年に実験を開始。海に三層の水中スクリーンを仕掛けるなどして大腸菌や赤潮の原因となるクロロフィルaなどを大幅に減らした実績があります。

　また2011年からは毎年、大会本番1か月前に自然環境に優しいトライアスロン大会を目指すプレイベント「グリーントライアスロン」を実施。市民やトライアスロン・パラトライアスロン選手らが参加し、一緒に山下公園のごみ拾いをしたり、ダイバーが海底を清掃したり、環境をテーマにしたトークショーの開催や環境意識を高めるための展示を行ったりしています。

　イベント会場ではダイバーが山下公園の海中の様子を実況中継する海底映像が大好評で、魚や海藻、カニ、貝などの普段見ることが出来ない生き物の姿に、こどもたちが目を輝かせています。

　「あの魚は何ですか？」「アナゴはいますか？」などと質問しているこどもたちの姿を見ると、世界トライアスロンシリーズ横浜大会がよいきっかけとなり、自然と環境に関心を持つこどもたちが増えたことを大変嬉しく思います。

　こうした活動の蓄積は2012年、ISO（国際標準化機構）が認証する国際規格「ISO20121」の取得にも繋がりました。

持続可能性に配慮したイベントマネジメントシステムに適用されるもので、海外では2012年ロンドンオリンピック競技大会が初めて認証を受けましたが、日本では世界トライアスロンシリーズ横浜大会が第1号でした。

さらに2018年、インドネシアの首都ジャカルタで開かれた第18回アジア競技大会OCA（アジアオリンピック評議会）総会で、グリーントライアスロンがスポーツ分野における優れた環境活動として「スポーツと環境賞」を受賞。今日、世界中で取り組みが活発化しているSDGs（持続可能な開発目標）に貢献するモデルケースとして注目を集めました。

歴代技術代表・歴代審判長

歴代技術代表

開催日	歴代技術代表	国籍／所属
2019 年 5 月 18 日（土）	メロディ・タン	マレーシア
2018 年 5 月 12 日（土）	ニコラス・タモス	ギリシャ
2017 年 5 月 13 日（土）	アラン・マー	マカオ
2016 年 5 月 14 日（土）	アラン・マー	マカオ
2015 年 5 月 16 日（土）	アラン・マー	マカオ
2014 年 5 月 17 日（土）	ピーター・ウィバー	ニュージーランド
2013 年 5 月 11 日（土）	ピーター・ウィバー	ニュージーランド
2012 年 9 月 29 日（土）	Ramon Marchan	フィリピン
2011 年 9 月 19 日（月・祝）	Thanos Nikopoulos	ギリシャ
2009 年 8 月 22 日（土）	デビッド・マーク	カナダ

歴代審判長

開催日	審判長	国籍／所属
2019 年 5 月 18 日（土）	ジュリエット・ハーウェイ ホルヘ・ガルシア	ニュージーランド スペイン
2018 年 5 月 12 日（土）	リンデル・マレ ジュリエット・ハーウェイ	オーストラリア ニュージーランド
2017 年 5 月 13 日（土）	レベッカ・モック	香港
2016 年 5 月 14 日（土）	ピーター・チュア	シンガポール
2015 年 5 月 16 日（土）	ロス・キャピル	ニュージーランド
2014 年 5 月 17 日（土）	ピーター・チュア	シンガポール
2013 年 5 月 11 日（土）	Rachel Ribo	フィリピン
2012 年 9 月 29 日（土）	Jacqui Kenny	オーストラリア
2011 年 9 月 19 日（月・祝）	Ramon Marchan	フィリピン
2009 年 8 月 22 日（土）	シャネル・バネット	ニュージーランド

世界トライアスロンシリーズ 2016　オフィシャルポスター
イラスト／亀川秀樹　協力／日刊スポーツ新聞社、WTCS 横浜大会事務局

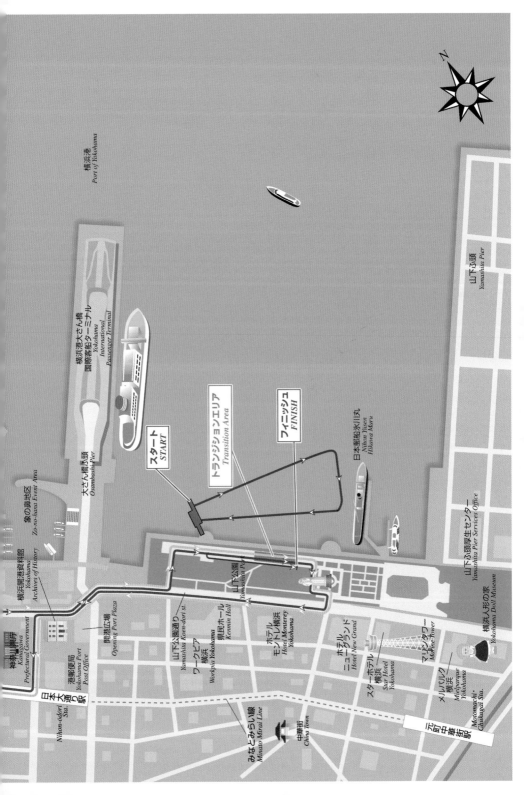

N

横浜港
Port of Yokohama

横浜港大さん橋
国際客船ターミナル
Yokohama
International
Passenger Terminal

象の鼻地区
Zo-no-hana Event Area

大さん橋頭
Osambashi Pier

スタート
START

トランジションエリア
Transition Area

フィニッシュ
FINISH

日本郵船氷川丸
Nihon Yusen
Hikawa Maru

山下ふ頭
Yamashita Pier

横浜開港資料館
Yokohama
Archives of History

神奈川県庁
Kanagawa
Prefectural Government

港郵便局
Yokohama Port
Post Office

開港広場
Opening Port Plaza

山下公園通り
Yamashita Koen-dori st.

ワークピア横浜
Workpia Yokohama

県民ホール
Kenmin Hall

ホテルモントレ横浜
Hotel Monterey
Yokohama

山下公園
Yamashita Park

山下ふ頭厚生センター
Yamashita Pier Services Office

ニューグランド
Hotel New Grand

スターホテル横浜
Star Hotel
Yokohama

マリンタワー
Marine Tower

メルパルク横浜
Melparque
Yokohama

横浜人形の家
Yokohama Doll Museum

日本大通り駅
Nihon-odori Sta.

みなとみらい線
Minato Mirai Line

中華街
China Town

元町・中華街駅
Motomachi・Chukagai Sta.

©Koji Koganezawa

Photos

左上　：大会スタート前のスイムスタート地点。ここから海に入り、写真右手の方向に泳いでいく

右上　：山下公園内ランコースにてコースの安全を確認する審判員

右中段：開会前2時間。山下公園に集合した審判たち。朝礼をし、観客と選手の安全を守るために気を引き締める

左下　：大会前、山下公園にて。円陣を組むスイム エクジット アシスタント（SEA）スタッフ。SEAスタッフは、主にスイム終了時のパラ選手のケアを行う

右下　：スイムのスタート地点にて待機するエイジの選手たち。2017年大会は雨の中の開催だった

©Satoshi Takasaki／JTU

©Satoshi Takasaki／JTU

©Koji Koganezawa

©Koji Koganezawa

©Koji Koganezawa

パラの選手がスイム
からトランジションへ
向かうのを、スイムイ
グジットアシスタント
がサポートする

エリート選手と触れ
合うハイタッチキッズ

©Satoshi Takasaki／JTU

©Satoshi Takasaki／JTU

山下公園の前を走り
抜ける選手たち。奥に
見えるのは氷川丸

横浜税関前のコーナー。沿道に
応援する観客が途切れないの
も横浜大会の自慢のひとつ

©Satoshi Takasaki／JTU

バイクを終えランを
スタートするエリート
選手

©Satoshi Takasaki／JTU

レースの様子を撮影
するキッズカメラマ
ンたち。こども記者と
キッズカメラマンが
取材した選手へのイ
ンタビューやレース
の様子は、『横浜こど
もスポーツ新聞』と
なって発行される

©Satoshi Takasaki／JTU

横浜市トライアスロン
協会主催キッズオー
シャンスイムセミナー
金沢海の公園にて

観客の応援に応えながらブ
ルーカーペットを駆け抜けるパ
ラトライアスリート・秦由加子
選手　P.134　インタビュー

プロトライアスリート

上田藍

インタビュー

横浜市トライアスロン協会会長
横浜市会議員
花上喜代志

上田藍
（うえだ・あい）

1983年京都生まれ。中学では競泳選手、高校では陸上選手として活躍後、高校3年生の夏にトライアスロンに転向。高校卒業後、山根英紀コーチから指導を受けるため、京都から千葉市稲毛区へ拠点を移す。2002年にアジアジュニア選手権を制し、2005年には日本ランキング1位に。その後、日本女子選手初の6度の日本選手権チャンピオンタイトル獲得（2007、2012、2013、2015、2016、2020年）。8度のNTTランキング年間チャンピオンの実績を持つ。2016ITU世界トライアスロングランドファイナルコズメル大会総合5位、2016年世界トライアスロンシリーズランキング総合3位と安定した成績を残し、世界で活躍するトップ選手となった。オリンピック3大会連続出場：北京17位、ロンドン39位、リオ39位。

山下公園といえばデートスポット

花上：横浜で世界トライアスロンシリーズが開かれると初めて聞いた時、どう思われましたか？

上田：私の中で横浜といえば中華街とか赤レンガ倉庫とか、ロマンティックなデートスポットというイメージだったので、「どこを泳ぐんだろう？　もしかすると山下公園がメイン会場になるのかな？　だとしたら公園の前の海を泳ぐのかな？」って。山下公園は横浜のど真ん中で人もたくさんいるので、もしあそこでトライアスロンが出来たらすごいことだなと思いました。

花上：当時の中田宏市長にも「横浜市でトライアスロンの世界大会を開きたいので協力してください」とお願いしたら、「どこで泳ぐんですか？」といわれましたよ。「山下公園の前です」とお答えしたら「山下公園の前の海で泳げるんですか？」と、とても驚かれていました。

上田：そうですよね、よくわかります（笑）。私も大会の開催が決まって自分も出場すると周りの方に報告し

たら、「どこで泳ぐの？」って、真っ先に聞かれましたから。「山下公園の前です。氷川丸の横です」と伝えたら、「え、泳げるの？」って。同じ反応ですよね。やはりあそこは有名な観光スポットで、まさかトライアスロンをするなんて発想は誰にもなかったと思います。

花上：「横浜開港150周年記念事業」として2009年に開かれた第1回大会のことを覚えていますか？

上田：もちろんです。スタートのスイムで海に飛び込んだ時、目の前に氷川丸がドーンと見えて、衝撃を受けました。ものすごいインパクトでしたよ。公園側か

ら見たことはありましたけれども、初めて水面から
見る氷川丸はますます迫力がありました。私たち選
手は最初のターン地点を示すブイのところまで、ちょ
うど氷川丸の船端に向かって泳いでいく形になるん
ですね。

花上：私も泳いだので景色が浮かびます。

上田：そうだ！　第1回大会の1年前に泳がれたんですよね。
大会を盛り上げるために大会組織委員会の会長が自
ら泳いでくださるなんて、そこまでしてくれる方は
いません。

花上：横浜に世界トライアスロンシリーズを誘致するにあ
たって、一番の懸案は水質でした。でも実際は横浜
市の公共下水道が整備されて横浜港の海はきれいに
なっていた。そのことは水質調査で明らかになって
いましたが、昔のイメージのまま、横浜の海はヘド
ロの海だと思われていたんです。私は市会議員とし
て長年をかけて公共下水道の整備をし、横浜の海は
もうきれいなんだということを証明するためにも横
浜港で世界トライアスロンシリーズを開きたかった
し、横浜市や市議会を説得するには「私自身が泳が

なくちゃ」と考えました。当時、60歳になっていましたけれども、3週間、朝昼晩と泳ぎの猛特訓をして、ろくに泳げなかったクロールで山下公園の前を泳ぎ切りました。還暦になってまさか山下公園で泳ぐとは夢にも思わなかったですけどね。

上田：本当に命がけで作っていただいた大会なんですね。

絵になるコースと温かい沿道の応援

花上：バイクとランのコースにはどんな印象をお持ちですか？

上田：歴史と趣のある神奈川県庁の庁舎だったり、みなとみらいの観覧車だったり、横浜の魅力がたくさん詰まったコースだなと思います。レースをしていてもそうですけど、映像になった時に絵になりますよね。レース中、どこを走っても人が多く、観客の方が応援してくれるのが選手としては嬉しいです。特にたまたま観光に来ている方がレースに遭遇するので、それまでトライアスロンなんて見たことがなかったという方たちが、「何かやってるぞ」「どんな大会なんだろう」と自然に関心を寄せてくださるのが貴重

だと思います。やはり競技の迫力だったり面白さだったりを感じていただくには生でレースを見てもらうのが一番だと思うので、横浜の街の魅力にプラスしてトライアスロンのことを知っていただける特別な大会だと思います。

花上：コースレイアウトを決めるにあたっては上田選手にもアドバイスをいただいたんですよね。安全性を確保するためにはやはりレース経験豊富な選手の声を聞くのが一番だということで。

上田：コースレイアウトを確定させる最終段階で、大会組織委員会の方と神奈川県警の方と一緒にコースを見て回り、気づいたことをお伝えしました。例えばバイクのコースは2車線道路の外側を一般車両が走ったままでレースをするので、そちら側にバイクがはみ出すことはないかなどのチェックをして、「ここのコーナーはバイクが減速しているので、はみ出すことはありませんよ」とか、そういうことをお伝えしました。コースレイアウトを決める段階から準備に関わったのはあれが初めてだったので、「こういうふうに大会を作り上げてくださっているんだな」って、ますますレースを身近に感じる体験でした。

花上：何しろ一般道路でレースをしますからね。安全面での配慮や交通規制の問題もあるし、初めは神奈川県警からのGOサインをもらうまでに苦労しました。今では実績が出来て、トライアスロンならいいよと全面的に協力をいただいています。

10大会連続出場で思い出に残る大会

花上：初開催の2009年から2019年まで10大会連続出場（2010年のみ韓国の統営^{トンヨン}で開催）されている上田選手ですが、その中でもどの大会が思い出深いですか？

上田：どの大会にも思い入れがありますが、特に2014年と2016年は思い出に残っています。2014年は2位、2016年は3位と、どちらも表彰台に上がって、2016年の夏に控えていたリオデジャネイロ・オリンピックに向けて手応えを感じた大会でした。海外の強豪たちに肩を並べるいいパフォーマンスを発揮出来て、応援してくださる皆さんに期待をしていただいてオリンピックに送り出してもらえました。本当にワクワクしました。

花上：選手の方にそういってもらえると、大会を主催する側としてはとても嬉しいです。2009年に産声をあげた世界トライアスロンシリーズ横浜大会が年々ステップアップしてきたことを実感します。

上田：近年では2019年大会も忘れがたいです。その年の3月、アブダビのレースのミックスリレーで落車に巻き込まれ、左肺気胸と外傷性くも膜下出血の大怪我を負いました。しばらくハードなトレーニングが出来なくなってしまったんですけれども、8月には2020年東京オリンピックのテストイベントが控えていたので、どうしてもレースから離れたくなくて、5月の世界トライアスロンシリーズ横浜大会にチャレンジしました。でも結果的にはバイクパートで周回遅れとなり、レースを終えることになってしまって……。それがちょうど観覧車の付近で、バイクを引きながら歩道をとぼとぼ歩く私に観客やボランティアの皆さんが「ナイスファイト！」とか「また来年、戻って来るのを待っているからね！」と温かい声と拍手で励ましてくださいました。

花上：そうでしたか。上手くいくレースもあれば、そうじゃないレースもありますよね。アスリートというのは

いい時ばかりじゃないから……。

上田：選手の心理としては自分の駄目なところはあまり見せたくない、いいところだけ見てもらいたいという気持ちはあるんです。でも、いい時もそうでない時も横浜では受け入れてもらえる。本当は2020年大会でいい結果を出してリベンジしたいと思っていたんですけれども、新型コロナウイルスの影響で大会が中止になってしまって。すごく残念でしたけど「次は絶対！」という気持ちです。

"知られざる" トライアスロンの魅力

花上：2009年に第1回大会を開く以前、私はトライアスロンって聞いたことはあるけど実際に見たことがないし、ものすごくハードなイメージだけあって、全然身近に感じられなかったんです。でも世界に目を向けると年齢を問わず楽しめる生涯スポーツでもあるんですね。

上田：そうなんです。日本では過酷なイメージから「鉄人レース」といわれてしまうんですけど、スイミング、サイクリング、ランニングの3つをバランスよく、

マイペースでトレーニング出来る健康スポーツとして親しまれている方が海外には大勢いらっしゃいます。3つとも有酸素運動ですし、健康な身体作りにもってこいだと思います。オリンピックでは2000年シドニー大会から採用されて知名度も上がっています。

花上：大会誘致の相談を受けた2007年当時、日本トライアスロン連合の会長だった猪谷千春さんから「30種目あるオリンピック競技の中で8番目に人気があるのがトライアスロンなんですよ」と聞いて驚きました。ところで上田選手がレースで魅力を感じるのはどんなところですか？

上田：フィニッシュ手前に「ブルーカーペット」といって、青いカーペットが敷かれたいわば選手の花道があって、その両脇で待っていてくれる一般の応援の方やスポンサー企業の皆さん、チームスタッフや家族皆とハイタッチをしながらフィニッシュする、あの時間は何度味わっても感激します。レース競技の中で選手と観客が触れ合えるのってトライアスロンくらいしかないんですよね。レースを見てくださった方たちとフィニッシュの喜びを共有出来るのはトライ

アスロンという競技の大きな魅力だと思います。

花上：私もフィニッシュ手前で選手の皆さんを迎える瞬間
　　　はいつも感動します。レースの最中もバイクパート
　　　なんかはスピード感があって、ビュンという音が聞
　　　こえてくるんですよね。「自転車って、こんなに速
　　　いんだ！」とびっくりします。

上田：時速70〜80kmくらい出ますからね。選手の息遣い
　　　をすぐそばで感じてもらえるスポーツです。

誰もが参加出来る横浜大会

花上：世界トライアスロンシリーズ横浜大会はキッズレー
　　　ス（6〜9歳と10〜13歳の2部門）を2009年の第1回大
　　　会から、障がいのある方のパラトライアスロンを
　　　2012年の第3回大会から実施しています。世界トラ
　　　イアスロンシリーズではどちらも初の試みで、私た
　　　ちも準備が大変でしたけどスポーツ振興に力を入れ
　　　る横浜市としても、是非こどもたちや障害のある方々
　　　にスポーツを楽しむ場を作りたいという思いでスタッ
　　　フの皆さんと頑張りました。

上田：土曜・日曜の2日間で開かれる世界トライアスロンシリーズ横浜大会は、私たちエリート部門、パラ部門、その翌日に一般の方のエイジ部門・キッズ部門が行われますけど、世代や競技レベルが異なっても同じ場所でレースを楽しめるって貴重だと思います。そして、パラトライアスロンの開催ですよね。本当に素晴らしくて、パラの選手に聞いたところ、２人乗り用のタンデムバイクで走れるところが少ない中、横浜大会はしっかりとレース環境を整えてくれて、ガイドの方も一緒のホテルに宿泊出来るなどのホスピタリティも手厚いといっていました。

花上：選手の受け入れはボランティアの皆さんの協力が大きいんですよ。後は環境への取り組み。最初にお話ししたように横浜の海は公共下水道が整備されてきれいになり、そこからトライアスロンの大会を通してさらに水質を向上させる複数のプロジェクトに取り組んでいます。上田選手にも、こどもたちと一緒に山下公園のゴミ拾いをしたりランニングをしたりする「グリーントライアスロン」に参加してもらっていますね。

上田：こどもたち、かわいいんです。スポーツを通じて皆

で海や公園をきれいにして、より豊かな環境を作っていく、そういう観点からもトライアスロンに携われることに私自身、気づかせてもらいました。そうやっていろいろな方が参加してくれるから横浜にトライアスロンが根づいているんだなって思います。

東京オリンピックが終わると次は2024年のパリ大会、2028年のロサンゼルス大会とオリンピックが開かれますが、こどもの頃、横浜でトライアスロンに触れたお子さんの中には、実際にパリオリンピック出場を目指して頑張っている若い選手がいますから、横浜からどんどん世界に羽ばたいてくれたら嬉しいです。

世界で高い評価を受ける横浜大会

　さて、世界トライアスロンシリーズの開催地になぜ横浜が選ばれたのか？　海外での知名度でいえば東京のほうが高いわけですから、不思議に思う方もいらっしゃるのではないでしょうか。

　その大きな理由のひとつに当時の国際トライアスロン連合（ITU）前会長の故レス・マクドナルド氏が横浜の街を気に入ってくれたことがありました。マクドナルド前会長は、レースが終わればエリート選手もエイジの一般参加者もカテゴリーの垣根を取り払って和気あいあいと街の中で触れ合える、そんな大会を望んでいたのです。

　それには市街地から離れた場所でなく、元町や中華街や山手・本牧、関内・みなとみらい・野毛などの街の中にレース会場がある、横浜のような都市型（アーバンコース）が理想でした。

　実際、彼の出身地であるカナダのバンクーバーでは、街の中心部にあるスタンレー公園で大小様々なトライアスロン大会が実施され、当日エントリーも出来るなどの気軽さで市民に親しまれています。世界トライアスロン選手権ももちろん、バンクーバーで開催されました。

　特に横浜はメイン会場の山下公園と選手の宿泊ホテルが目と鼻の先という好立地ですから、マクドナルド前会長は、

第3章 「横浜トライアスロン」に見るスポーツのチカラ

「ホテルのすぐ目の前でレースが出来て、終わったらすぐ街に繰り出せるなんて、こんな素晴らしいロケーションは他にない！」とベタ褒めでした。

　トライアスロンをこよなく愛し、競技の普及振興に情熱を注いで来た彼のようなエキスパートが、これほど横浜を気に入ってくれたことはとても光栄なことです。

　マクドナルド前会長は世界のスポーツ界でとても有名な方です。当時の松沢成文神奈川県知事にもご出席いただき、横浜中華街で食事をご一緒した際に私が感じたのは、気さくで明るく、豪快な方だという印象でした。選手や関係者からは「レス」と呼ばれ、慕われていました。もちろん私もお目にかかった時には言語の壁を越えてすぐに打ち解けたのを覚えています。

　残念なことに2017年9月4日、84歳で帰らぬ人となりましたが、ITUで発揮したリーダーシップと、当時のJTU猪谷千春会長（IOC委員）とともにトライアスロンをオリンピック競技に押し上げた手腕、そしてトライアスロンに捧げた人生はこれからも語り継がれていくことでしょう。

レスリー・マクドナルド
(LesLie MacDonald)

1933年4月30日生まれ。アイルランド出身。1954年にカナダ・バンクーバーへ移住し、電気技師をしながらスキークラブのメンバーとしてスキーイベントやスキー指導に従事。世界有数のスキーリゾートで知られるウィスラーのスキー場設立にも携わった。マラソンのトレーニングのために始めたトライアスロンに魅せられ1981年、バンクーバーで初めて大会を開催。自身も選手として年代別の世界選手権優勝や世界記録を樹立した。1989年、ITU創立。JTUの猪谷千春名誉会長とはスキー時代からの友人。ITU初代会長として、2000年シドニー大会でトライアスロンをオリンピック競技にするなどの手腕を発揮した。2013年、カナダ勲章授与。2017年9月4日、逝去。享年84。

西山雄二

元横浜市市民局局長・現横浜市市民局理事
スポーツ統括室長

OCA総会で「スポーツと環境賞」受賞

　2018年8月19日、アジア競技大会が開幕した翌日のインドネシア・ジャカルタで、私は日本オリンピック委員会（JOC）のスポーツ環境専門部会員として、アジアオリンピック評議会（OCA）が新設した「スポーツと環境賞」の表彰式に出席しました。世界トライアスロンシリーズ横浜大会のプレイベントである「グリーントライアスロン」がJOCから推薦され受賞に至ったのです。

　トライアスロンはスイムコースの海がきれいでないと始まりません。そこで大会を主催する横浜市では横浜港の水質改善に力を注ぐとともに、大会で排出されるCO_2（二酸化炭素）のオフセット（埋め合わせ）にも取り組み、横浜市の「横浜ブルーカーボン」事業の中で市内の企業や団体、大学と連携してCO_2削減に努めています。

　こうした取り組みを広く知ってもらうため、私たちは世界トライアスロンシリーズ横浜大会の出場者全員に横浜臨海部で採れたワカメを乾燥させた、その名も「完走ワカメ」

をお配りしています。皆さんの完走を願い、応援の気持ち
を込めてネーミングしました。

　これはワカメの地産地消によってCO_2の吸収・削減を図
るという、海洋資源活用法のひとつです。今後もこうした
親しみやすい方法で、環境保全への意識を高める活動を継
続していきたいと考えています。

マリソル・カサド

国際トライアスロン連合（WT）会長

The sport of triathlon has enjoyed a strong and enduring bond with the city of Yokohama over the years, just as it does with the great country of Japan itself, and it is wonderful to see this history recognised and immortalised in this way.

　トライアスロンスポーツは、この偉大な国・日本との絆のように、これまで何年にも亘り横浜市との強靭かつ揺るぎない絆を築いて参りました。その歴史が評価され、このような形で永遠に伝えられることは大変素晴らしいことであります。

It was in 2009, in my first full year as president of what was then the International Triathlon Union, that the first World Series race took place in the city. The men's and women's races both delivered the kind of excitement, entertainment and quality that have become the emblem of Yokohama triathlons.

　思い起こせば2009年は、私が国際トライアスロン連合

（ITU）会長として、初めて一年を通して務めた年であり、最初のワールドシリーズレースが横浜で開催された年でもあります。男子及び女子レースを通じて得られた感動とエンターテインメント、そしてそのクオリティーは、横浜トライアスロンを象徴するものになっています。

That weekend back in 2009 also saw the city hold the World Kids Sport Summit and a special triathlon event for young people, an occasion that underlined the values that together we stand for in the pursuit of fair play and the growth of triathlon for future generations to enjoy.

　2009年大会では、「世界こどもスポーツサミット」とこどもたちを対象にした特別なレースが併催され、私たちがともに、フェアプレイの精神と次世代の若者に向けたトライアスロンを育んでいることを明確に示した場となりました。

Since then, we have been proud to return to Yokohama for ten editions of the World Series and seven superb para triathlon events, uniting the best in the sport to tackle what have always been uniquely challenging and beautiful urban courses that the city is now famous for. It has also becomed one of the most awaited events in the Para triathlon circuit, proving that Yokohama's full

support of Para triathlon is key for the development of
the sport worldwide.

　それ以来、ワールドシリーズ横浜大会が10回目を迎える
だけでなく、素晴らしいパラトライアスロン大会が7回も
開かれてきたことを誇りに思います。今では有名となった
美しさにあふれる都市型コース設定の中で常に挑戦的な取
り組みがなされ、ベストな状態をご提供いただきました。
また、横浜のパラトライアスロンへの全面的なサポートは、
スポーツとしてのパラトライアスロンが世界中で発展する
ための鍵であり、パラトライアスロンサーキットで最も待
ち望まれている大会のひとつとなっています。

This is somewhere that the top athletes love to come and
race. It is venues like this and the crowds that line the
course that are so important to World Triathlon as we
always seek to provide the greatest stages on which the
best in the world can perform at the very highest level.

　横浜は、トップアスリートたちがこよなく愛し、そのレー
スに参加したいと願っている地です。世界トップの選手た
ちが頂上レベルで競い合える、最高のステージを提供する
ことを求めてやまないワールドトライアスロンにとっては、
まさにこのようなベニュー（会場）と沿道の応援の方々こ
そが不可欠なものなのです。

As such, I want to take this opportunity to thank and congratulate everyone who has been involved in holding races in Yokohama since 2009. From the JTU to the LOC staff, the thousands of volunteers and officials that have worked so hard and so well together over the years, none of this would have been possible without your effort.

上記した理由で2009年から横浜大会の開催に携わってくださった全ての方々にお礼と祝辞を述べたいと思います。JTU及びLOC（大会事務局）スタッフの皆様、永年に亘り大会を支えてくださった何千人ものボランティア及び大会役員の方々の、ともに手を携えたご尽力なしでは成し得なかったと考えます。

To make any city an icon within a major sport takes real vision in the first instance, and then a huge amount of dedication to realise that vision. That is precisely what we have witnessed taking place here in this corner of Japan.

どのような都市でもメジャースポーツのなかにあって、そのスポーツを象徴するような都市となっていくためには、まず明確なビジョンが必要であり、その後にそのビジョンを実現していくための計り知れない熱い献身がなくてはな

りません。このことが、まさに日本の一画である横浜で成し遂げられたのを目の当たりにいたしました。

It is also a source of great pride that the future for our sport, here in Japan and around the world, is so bright. World Triathlon will always work tirelessly to develop our sport, and we look forward to continue doing so, shoulder to shoulder with our dear friends and partners in Yokohama.

　それは、日本及び世界中で開催される我々のスポーツの未来がとても明るいと誇り高く思える源でもあります。ワールドトライアスロンはトライアスロンの発展のために常に全力を尽くし、これからも横浜の大切な友人の皆様やパートナーの方々と肩を並べ取り組んでいけることを切に望んでいます。

Yours in sport,
スポーツとともに

Marisol Casado, World Triathlon president and IOC member
マリソル・カサド
ワールドトライアスロン会長、IOC委員

マリソル・カサド
（Marisol Casado）

国際トライアスロン連合（WT）会長。

スペイン・マドリード出身。2008年、国際トライアスロン連合（当時のITU、現WT）会長に就任。2010年、国際オリンピック委員会（IOC）委員に就任。2017年よりIOCジェンダーイクオリティレビュープロジェクト長も務める。2011年よりASOIF(夏季オリンピック国際競技連盟連合)理事。

岩城光英

公益社団法人日本トライアスロン連合（JTU）会長

2009年の就任以来、JTUを牽引してきた岩城光英会長は、自身も筋金入りのトライアスロン愛好家として70代になった現在も競技を楽しんでいる。国会議員という多忙な身の時ですら日々のトレーニングを欠かさなかったという岩城会長。アスリートの目線をあわせ持つリーダーに世界トライアスロンシリーズ横浜大会の魅力を伺った。

トライアスロン人気を押し上げた横浜の都市力

花上：岩城会長は第1回大会からご覧になっていますが、トライアスロンの国際大会を日本で開催出来ることをどうお感じになっていますか？

岩城：第1回大会、懐かしいですね。ちょうど私がJTUの会長に就任した年でしたから、目の前で世界各国のトップ選手たちがレースを繰り広げる姿は感慨深かったです。あのような盛大な大会を開催するために尽力してくださった横浜の皆さんの熱意にも心打たれました。

花上：世界トライアスロンシリーズ横浜大会の魅力はどこ
　　　にあると思われますか？

岩城：まず、都会の真ん中で行われる都市型のレースであ
　　　ること。山下公園の海を泳ぎ、横浜の市街地を自転
　　　車とランニングで駆け抜けるという、誰も予想しな
　　　かったコースが最大の魅力だと思います。2つめは5
　　　時間に亘るNHKのテレビ中継と世界160を超える国
　　　と地域へのインターネット配信。横浜という魅力あ
　　　ふれる街が舞台のレースを世界中にライブでお届け
　　　出来るというのは素晴らしいことです。そして3つ
　　　めですが、2019年の第10回大会に約46万5000人もの
　　　観戦客が訪れてくれたことは、世界トライアスロン
　　　シリーズ横浜大会が大変魅力のあるコンテンツだと
　　　いうことを物語っていると思います。

花上：過去最多の観戦者数でしたね。第10回大会の節目に
　　　あんなにたくさんの皆さんにトライアスロンをご覧
　　　いただけたことはホストシティである横浜市として
　　　も嬉しいことでした。

岩城：お天気に恵まれて、まさに五月晴れでしたね。同時

期に山下公園で併催される「ばらフェスタ」、ああ
いった催しとも相まって世界トライアスロンシリー
ズ横浜大会は5月の横浜の風物詩になっている。そ
のことも4つめの魅力に挙げさせていただきます。5
つめはこどもたちのボランティア参加です。キッズ
カメラマンやこども記者、フィニッシュする選手を
ハイタッチで迎えるタッチキッズなど、様々な立場
でスポーツを体験してもらえるのは横浜大会の魅力
でしょう。そして6つめ、日本第2の人口を有する大
都市横浜で大勢の皆さんにレースを見ていただけた
おかげで、トライアスロンという競技が市民権を得
た、そんな印象があります。

花上：そういっていただけて光栄です。スポーツに対する
市民の皆さんの理解、そして横浜市、横浜スポーツ
協会、大会組織委員会を始めとする関係各所が「オ
ール横浜」体制で取り組んでいるのが自慢です。と
ころで、初開催の2009年以降、2010年はAPEC横
浜の開催、2020年は新型コロナウイルス感染拡大の
影響でそれぞれ大会を開けませんでしたが、それ以
外の年は継続開催してきた意義を、岩城会長はどの
ようにお考えですか？

岩城：これはJTU会長という立場に加え、福島県民である私の受け止め方なのですが、2011年3月11日、東日本大震災が起きて5月に予定していた第2回世界トライアスロンシリーズ横浜大会が延期になりました。原発事故による風評被害で海外の選手が来日を拒み、一時は開催が危ぶまれましたけれども、我々が難題を乗り越え世界規模の競技大会を東日本で開催出来れば、福島に希望の光を届けられるのではないか、その象徴が世界トライアスロンシリーズ横浜大会なのだというメッセージを海外に発信し、それが賛同を得て、9月の開催にこぎつけました。このことには非常に大きな意味があったと思っています。

花上：あの年は本当に特別でしたね。まさにオール横浜の力が発揮された年だったと思います。

岩城：競技普及と選手強化においても、トライアスロンの隆盛は横浜大会なくして考えられません。オリンピックやパラリンピックを目指すエリート選手たちにとって、日本で世界のトップ選手と戦える機会があるというのは大きなことです。実際、世界トライアスロンシリーズ横浜大会はオリンピック・パラリンピックの代表選考対象レースでもあり重要な役割を果たして

いFormatException。加えて、大規模な国際大会に欠かせないスポーツボランティアもしっかり育っていることも世界トライアスロンシリーズ横浜大会のレガシーに他なりません。特に横浜大会のパラトライアスロンレースで活躍するスイムイグジットアシスタントの皆さんは、日本国内のパラトライアスロンの発展を牽引する存在です。その他安全な大会運営や医療・救護体制、世界に誇れるホスピタリティなども選手、関係者から高い評価を受けている裏づけとなっています。

2019 年大会で完走する岩城光英 JTU 会長

花上：岩城会長ご自身も熱心なトライアスロン愛好家でいらして、毎日トレーニングを欠かさないと伺っています。

岩城：トライアスロンのトレーニングを始めたのは44歳の時ですから、もう27年になります。今は平日の朝に3〜5kmのランニングをして、週末にプールを500mくらい、時間に余裕がある時は1,000mくらい泳ぎます。バイクはトレーニングとまではいかず、楽しむ感じですね。トライアスロンを始めた当初はクロールで25mしか泳げなかったので苦労しましたけれども、ちょっとずつ練習して長い距離を泳げるようになって、46歳で初めて大会に出場しました。花上先生も泳ぎの特訓をされて、第1回大会の1か月前イベントで山下公園の海を泳がれましたね。

花上：はい。私も最初は25mしか泳げず、しかも60歳になってからの挑戦だったので周りから止められたりもしましたけれど、どうしても横浜にトライアスロン大会を誘致したいという一心で奮闘しました。

岩城：挑戦をいとわない姿勢、まさにトライアスロン魂です。私もトライアスロンを始めたきっかけは地元の

　　福島県いわき市で大会を開き、地域を活性化させた
いという強い思いからでした。同じ政治に携わる者
として花上先生のお気持ちはよくわかりますし、そ
の情熱と行動力を見習わなくては思います。

花上：ありがとうございます。大変光栄です。世界トライ
　　アスロンシリーズ横浜大会のさらなる継続と発展に
　　向けて、是非岩城会長のお考えをお聞かせください。

岩城：世界中のエリート選手からも愛好家からも愛される
　　世界トライアスロンシリーズ横浜大会をこれからも
　　継続し、次世代へと受け継いでいただきたいと思っ
　　ています。昨今のコロナ禍で新しい様式の大会運営
　　が求められる中、JTUとしても柔軟性を持って大
　　会開催に取り組んで参りたいと思います。そして、
　　トライアスロンはきついスポーツというイメージを
　　お持ちの方もいらっしゃるかもしれませんが、実は
　　3種目とも有酸素運動で、バランスよく身体を鍛え
　　られる健康スポーツです。初めは長い距離を泳げな
　　ければプールを歩いても構いませんし、走るのもゆっ
　　くりマイペースで構わないのです。健康作りに役立
　　つマルチスポーツとして、ひとりでも多くの方にト
　　ライアスロンを楽しんでいただければ嬉しいです。

私も老体に鞭打ってトレーニングを積みたいと思います。

岩城 光英
（いわき・みつひで）

1949年12月4日、福島県いわき市生まれ。
公益社団法人日本トライアスロン連合（JTU）会長。日本の政治家。自由民主党所属の元参議院議員（3期）。法務大臣（第96代）、内閣官房副長官（第1次安倍改造内閣・福田康夫内閣・福田康夫改造内閣）、国土交通大臣政務官（第1次小泉第1次改造内閣）、参議院議院運営委員長（第61代）、自由民主党参議院政策審議会長、いわき市長（2期）、福島県議会議員（2期）、いわき市議会議員（2期）等を歴任した。

歴代優勝者

エリート女子

開催日	優勝者氏名	国籍／所属
2019 年 5 月 18 日（土）	ケイティー・ザフィアエス	アメリカ
2018 年 5 月 12 日（土）	フローラ・ダフィ	バミューダ諸島
2017 年 5 月 13 日（土）	フローラ・ダフィ	バミューダ諸島
2016 年 5 月 14 日（土）	グウェン・ジョーゲンセン	アメリカ
2015 年 5 月 16 日（土）	グウェン・ジョーゲンセン	アメリカ
2014 年 5 月 17 日（土）	グウェン・ジョーゲンセン	アメリカ
2013 年 5 月 11 日（土）	グウェン・ジョーゲンセン	アメリカ
2012 年 9 月 29 日（土）	リサ・ノルデン	スウェーデン
2011 年 9 月 19 日(月・祝)	アンドレア・ヒューイット	ニュージーランド
2009 年 8 月 22 日（土）	リサ・ノルデン	スウェーデン

エリート男子

開催日	優勝者氏名	国籍／所属
2019 年 5 月 18 日（土）	バンサン・ルイ	フランス
2018 年 5 月 12 日（土）	マリオ・モーラ	スペイン
2017 年 5 月 13 日（土）	マリオ・モーラ	スペイン
2016 年 5 月 14 日（土）	マリオ・モーラ	スペイン
2015 年 5 月 16 日（土）	ハビエル・ゴメス ノヤ	スペイン
2014 年 5 月 17 日（土）	ハビエル・ゴメス ノヤ	スペイン
2013 年 5 月 11 日（土）	ジョナサン・ブラウンリー	イギリス
2012 年 9 月 29 日（土）	ジョアン・シルバ	ポルトガル
2011 年 9 月 19 日(月・祝)	ジョアン・シルバ	ポルトガル
2009 年 8 月 23 日（日）	ヤン・フロデノ	ドイツ

世界に誇る大会運営

第4章　世界に誇る大会運営

スイムの安全確保

　世界トライアスロンシリーズ横浜大会の成功は、選手たちが存分に力を発揮するための大会運営にかかっています。大会運営には実に様々な分野のプロフェッショナルやボランティアが関わっていて、どの役割が抜けても大会は成立しません。

　大会では主に「医療・救護」「警備・危機管理」「テクニカル・オフィシャル（TO＝審判）」「スポーツボランティア」の体制作りが必要です。

　まず、医療・救護体制について。世界トライアスロンシリーズ横浜大会の礎となった2009年トライアスロン世界選手権大会ではメイン会場の山下公園内に特設救護本部を設け、さらにバイクとスイムコースにも救護所を設置。医療スタッフには地元の昭和大学横浜市北部病院から医師18人と看護師12人（延べ人数）を派遣してもらい、救護スタッフは横浜市救急救命士会から救急救命士40人の派遣をお願いしました。

　そして、最も心配されたスイムの安全確保のため、全日本潜水連盟の潜水士5人、有志のライフセイバー10人にも協力を仰ぎ、緊急搬送に備えて横浜市消防局の救急車に待機してもらい、万が一の時には近隣の横浜市みなと赤十字病院や横浜市立大学附属市民総合医療センター、昭和大学

横浜市北部病院といった後方支援の指定病院への搬送体制を整えました。

とりわけ2009年トライアスロン世界選手権大会では世界キッズトライアスロン大会も行われましたから、こどもたちのスイムの安全確保には万全を期しました。当時の中田宏市長などは海中にネットを張るよう、大会事務局に指示を出したほどです。

ただそれもプールなら可能だったかもしれませんが、海となるとさすがに無理というもの。幸い山下公園前の海は手前側に砂が堆積してるため水深は2m程度で、大会の時は干潮で1m程度の浅場になります。泳ぐには逆に浅過ぎると心配したほどだったので、ネットを張る必要はなくなりました。

こうした医療・救護体制によって、スイムコースでの緊急対応はゼロ。それは10回大会を重ねた現在も同じで、世界トライアスロンシリーズ横浜大会での安全大会運営が実証されました。

バイクの転倒を防ぐ

ハイスピードかつ集団で公道を疾走するトライアスロンのバイクパートは、バイク同士の接触やスリップなどによる単独転倒が起こることがあります。

第4章　世界に誇る大会運営

　特に世界トライアスロンシリーズ横浜大会のコースはアップダウンがほとんどない代わりに、コーナーを多めに設けているため、雨など降ろうものなら路面が滑りやすく転倒する確率は一気に上がります。

　ちなみにバイクコースのコーナー数は8周回で100か所以上。もちろんエリート選手は百戦錬磨のプロトライアスリートですから、コーナリングテクニックやウェットコンディションでの走行を心得ていています。しかし、それでも転倒は起こります。それがエイジの部になればなおのことで、大会を運営する私たちはより一層の防止策を講じなくてはなりません。

　例えば2009年の初開催の時はプロトライアスリートの上田藍選手にお願いして、事前にコーナーの幅員を確認してもらいました。その結果、「これだけ幅があれば安全ですよ」というお墨つきをもらいました。実際にレースをする選手の声ほど信頼出来るものはありません。

　またトライアスロンのスイム、バイク、ランを繋ぐトランジション※がある山下公園の出入り口には歩道の点字ブロックが敷かれ、バイクで乗り上げると滑りやすいため仮

※トランジション：映像作品におけるカットとカットの継ぎ目の処理のこと。トライアスロン競技では、スイムとバイクの間、バイクとランの間の移行ことを指します。例えば、スイムとバイクの間の「第1トランジション」では、ウエットスーツを脱ぎ、ヘルメットを着用したり、バイクからランの間の「第2トランジョン」では、シューズを履き替えます。この行程も全て競技時間に含まれます。

舗装をかけたり、車両の進入を防ぐポール状の車止めを抜いた穴も仮舗装で埋めたりしています。

さらに細かいところでは、道路脇にある雨水枡のグレーチング蓋。よく女性の皆さんがハイヒールの踵がはまって困るという鉄製の網状の蓋ですが、当初は車道の進行方向に沿った細長い形状だったものを、それだとロードバイクの細いタイヤがはまってしまうかもしれないということで、隙間の細いグレーチング蓋に交換しました。

実際はそんな端っこは走らないのですが、大会組織委員会はそこまでの気遣いをして参加選手全ての転倒防止に努めたのです。

観戦客と通行人を安全に誘導する

世界トライアスロンシリーズ横浜大会は節目の10回大会（2019年）に過去最多となる46万5000人の観戦者数を記録しました。

人出が増えると警備上重要なのが観客と通行人の安全な誘導です。

大会当日は9時間弱に及ぶ交通規制が敷かれる中、沿道に大勢の観戦客が詰めかけ、それはそれは賑やかです。トライアスロンやマラソンのようなスポーツはこの沿道の応

第4章　世界に誇る大会運営

援が大会に花を添え、温かい声援と拍手が選手のパフォーマンスをより高みへと引き上げます。

　そんな沿道の皆さんを安全に誘導することが重要です。また、近隣住民の皆さんに至っては長時間の交通規制と人混みでご迷惑をおかけしますから、通行時には安全に誘導して差し上げることが欠かせません。

　とりわけバイクコースの横断は神経を使うところで、バイクと人の接触を避けるため横浜市内の警備業共同組合に協力を仰ぐとともに、横浜市スポーツ推進委員（元横浜市体育指導委員）の皆さんが大活躍しています。

　横浜市スポーツ推進委員とは、スポーツ基本法ならびに横浜市スポーツ推進委員規則に基づき、横浜市長から委嘱される非常勤職員のことで、地域のスポーツ・レクリエーション振興に無報酬で貢献しています。

　平成23年のスポーツ基本法制定に伴い、横浜市体育指導委員から呼び名が変わりましたが、その歴史は古く、横浜市では全国に先駆けて1950年に「横浜市健民体育指導員」の名称で結成されたのが始まりだといいます。

　以来、横浜マラソンや2019年のラグビーワールドカップといったビッグイベントの運営に欠くことの出来ない存在です。

　世界トライアスロンシリーズ横浜大会にも延べ500人規

模の横浜市スポーツ推進委員の皆さんに2009年からご協力をいただき、コース上の安全確保と観客の誘導・整理に万全を期しています。

パラトライアスロンをどう開催するか

　世界トライアスロンシリーズ横浜大会のパラトライアスロンは第3回の2012年にエリートの部が導入され、2014年からはエイジの部も行われています。

　パラトライアスロンは大会の大きな魅力のひとつであり、人気も徐々に上がってきています。

　現在、国内で開かれている大会は6大会で、2021年は大阪城トライアスロン（大阪市）が新たに加わることになりました。

　私は、パラトライアスロンには社会を変える力があると感じています。またレースとしても面白いことは第2章でお話ししたとおりです。

　ただ一方では、パラトライアスロンを開催したくても、障がいのある選手をどう受け入れればいいのかわからないという大会主催者の声もあると聞きます。

　JTUがまとめたところによれば、最も多いのが「前例がなく、万が一、参加した障がいのある選手に不具合が起きても責任が取れない」という声。その次に「オペレーショ

ン方法がまだ確立されていない」が続くそうです。

　ご心配はごもっともでしょう。私も横浜でパラトライアスロンを見るまでは何も知識がなく、「大丈夫なのかな？」と心配していました。

　心配の種には例えば、障がいの状態や程度による「クラス分け」で「ブラインド」と呼ばれる視聴覚障がいのクラスがありますが、目の不自由な選手が自転車で公道を走ると聞けば最初は誰だってびっくりします。でも、実はガイドと呼ばれる伴走者が選手にちゃんとついていて、転倒するようなことはありません。

　これまで世界トライアスロンシリーズ横浜大会で9回のパラトライアスロン大会を重ねてみてわかったのは、2009年の第1回大会から横浜市がトライアスロンの多様性（ダイバーシティ）を受け入れ、共生社会（インクルージョン）を作る率先の姿を見せてきたことが心配するほど運営側の負担は大きくないということの証明になりました。

　他にもパラトライアスロンには「シッティング（座位）」と「スタンディング（立位）」というクラスがあり、義足の選手を対象とするスタンディングでは、折りたたみ式のパイプ椅子1脚をトランジションに置いておくだけで対応出来る場合もあるといいます。選手が義足を履き替えるための椅子です。

　レースに慣れているエリート選手はほとんど自分で何で

も出来ますし、不慣れな方がいるエイジの部でもその方の要望を聞いて、補える範囲のサポートをすれば十分なのだそうです。

　一連の受け入れ方法に関しては、JTUが2020年から「パラトライアスロンTO（審判）サポートプロジェクト」という相談窓口を設け、北は東北、南は九州在住のTOが各地域に出向いて説明と指導を行っています。また、ガイドブックも配布しているそうです。

　パラトライアスロン大会を開催することで、多様性の導入としてバリアフリーの認識や目の不自由な方への対応などを学ぶことが出来ます。また、障がいのある方もない方もトライアスロンを通じて交わるインクルーシブな場を生み出します。

　まずは心のバリアを取り払って、パラトライアスロン大会の開催を検討してくれる自治体が増えることを願ってやみません。

秦由加子

パラトライアスロン選手

世界トライアスロンシリーズ横浜大会ではパラトライアスロンも人気だ。様々な障がいを抱えた選手たちが鍛錬を積み、工夫を重ねて3種目のレースを戦い躍動する。その姿は観客を圧倒し、生きるパワーをもたらす。秦由加子選手は日本を代表するパラトライアスリートのひとりで、2013年から世界トライアスロンシリーズ横浜大会に連続出場を果たし、優勝経験もある。そんな秦選手に横浜大会と街の魅力を聞くとともに、障がいの有無を問わず誰もがスポーツを楽しむための提言もいただいた。

「世界トライアスロンシリーズ横浜大会」に 出場することを大きな目標にしていた

花上：秦さんは横浜の街にどんなイメージをお持ちですか？

秦　：私は千葉県の出身なので、小さい頃からよく両親と横浜に買い物に行ったり食事に行ったりしていました。横浜って、馴染み深くて本当に身近な街なんですよね。見慣れた景色の中で競技が出来ることが、本当に嬉しいです。

秦由加子
（はた・ゆかこ）

1981年4月10日、千葉県生まれ。13歳で骨肉腫を発症し、右足の大腿部切断を余儀なくされる。2007年に10歳まで習っていた水泳を再開。ロンドンパラリンピックへの出場を目指したが叶わず、2013年にパラトライアスロンに転向。わずか4年で2016年リオパラリンピックの日本代表に選出され、日本選手最高の6位入賞を果たした。現在は世界ランキング4位につけ、東京パラリンピックでのメダルを狙う。クラスはPTS2。キヤノンマーケティングジャパン・マーズフラッグ・ブリヂストン所属。

花上：そんな思い出深い場所で行われている世界トライア
　　　スロンシリーズ横浜大会についてはどんな印象をお
　　　持ちでしょう？

秦　：海外から大勢の選手や関係者が集まる国際規模の大
　　　会を、まるで外国にいるような異国情緒あふれる横
　　　浜の地で開催出来るのは本当に貴重なことだと思い
　　　ます。国際色豊かな横浜の雰囲気と、国籍も人種も
　　　障がいでさえ何もかもを包括するトライアスロンと
　　　いうスポーツの魅力とが見事に合致する、素晴らし
　　　い大会ですよね。

花上：秦さんは2013年にパラトライアスロンに転向されて、
　　　翌2014年に初めて世界トライアスロンシリーズ横浜
　　　大会に出場されました。初出場の時のことを覚えて
　　　いますか？

秦　：よく覚えていますよ。2013年大会はレース見学を兼
　　　ねて応援に行ったんです。その時は自分が出られる
　　　なんて思っていませんでしたが、世界トライアスロ
　　　ンシリーズ横浜大会に出ることを大きな目標にして
　　　いたので、出場が決まった時はすごく感激しました。

「ああ、私も横浜の舞台に立てるようになったんだ」って、感慨深かったですね。

花上：パラトライアスロンには障がいの種類や程度による「クラス分け」がありますが、よくご存知でない方もいらっしゃると思いますので、是非解説をお願いします。

秦　：まずパラトライアスロン競技は車椅子のクラス、視覚障がいのクラス、そして立位のクラスが4つあり、全部で6つのクラスに分かれています。私が出場する「PTS2」は一番障がいが重いクラスにあたります。私のような片大腿切断（片足を太ももから切断している）以外にも麻痺があったり、下腿切断（膝から下を切断している）だけれど、もう一方の足にも障がいがあるといった選手もPTS2クラスに入ります。

花上：クラス分けが理解出来ると、より一層パラトライアスロンを楽しむことが出来ますよね。秦さんが2回目の出場を果たした2015年は海外からの出場選手が一気に増えたにもかかわらず、日本人唯一の秦さんが見事優勝されました。私も応援していて嬉しかっ

たです。

秦　：ありがとうございます。たくさんのお客さんが応援
　　　してくださる中で優勝出来て本当に嬉しかったで
　　　す。海外の選手たちとしのぎを削って戦っている姿
　　　を、日本の皆さんに見てもらえたというのも大きな
　　　喜びになりました。2016年リオパラリンピックの前
　　　年だったので、世界中の選手たちが気合いを入れて
　　　競い合ったシーズンでした。パラトライアスロンが
　　　また一段と盛り上がっているのを実感出来た年でも
　　　ありましたね。

花上：2015年の秦さんは、得意のスイムをトップで上がっ
　　　て、バイクで大きく差をつけランで逃げ切るという
　　　理想的なレース展開でしたね。ご自身でもレースを
　　　していて「これは勝てる！」というような、手応え
　　　のようなものは感じていましたか？

秦　：私はスイムが得意なので、まずはスイムをトップで
　　　上がるということが勝敗の鍵となります。レース中
　　　は正直、手応えを感じる余裕などありませんでした。
　　　海外のライバルたちがどんどん強くなってきて、私
　　　の得意のスイムが徐々に活かせなくなってきたタイ

ミングでもあったので、毎レース必死でしたね。自分のやるべきことはわかっていても常に不安と戦い、もがいていた時期でした。足の状態が段々と悪くなり始めた時でもあったので、翌年に控えたリオパラリンピックに向けて足の具合と相談しながら練習を続けた一年でした。

花上：大活躍した2015年大会は、足に不調を抱えた中でのレースだったというわけですか？

秦　：リオパラリンピックの出場権を得るために練習量が増えたことで、太ももの断端（切断部分）に腫れが出来てしまい、水が溜まるようになったんです。それがどんどん悪化して、2015年5月の世界トライアスロンシリーズ横浜大会は、ちょうど一番悪い状態の時にあたってしまいました。溜まった水は注射器で抜いて何とか練習を積んでいたんですけれども、医師からは「その状態で練習を続けていると水が溜まり続けるから、1か月以上、足を休ませたほうがいい」といわれていました。でも、リオパラリンピックが近いこともあって練習を休みたくなかったので、「水が溜まったら抜いてください」とお願いして、病院に通いながらトレーニングを続けました。

花上：想像を超える痛みだったでしょうね。

秦　：水を抜くと血が混ざって真っ赤で、それはもう痛かったですね。でも、トレーニングをしないといけないし、ものすごく葛藤がありました。

花上：強い意志と競技に対する情熱に感服します。

絶え間ない応援、エリートと一般のレース両方あるのが魅力

花上：足の状態に不安を抱えて臨んだレースで励みになったのは何でしたか？

秦　：横浜のコースは観客が途切れる場所がないんですよね。トライアスロンってコースの範囲が広いので、他の大会だと人がほとんどいない場所が結構あるものなんです。でも横浜は全部のコースに応援してくれる人がいて、ずっと声援が続きます。それがすごく励みになりました。最初から最後まで声援をいただきながらレースを戦えるというのはとても力になります。

花上：声援で嬉しい言葉はありますか？

秦　：どんな声援でもすごく嬉しいですよ。大体皆さん、「頑張って」とか「いけるぞ」と声をかけてくれますけれども、「秦さん、可愛い！」という声が聞こえてきたことがあって「ええっ？」って、思わず振り返りそうになりました（笑）。そんな余裕あるのかって感じですけど、素直に嬉しかったですね。

花上：応援している側も自分の声援が選手に届いているとわかって嬉しいです。ご家族やお友達も応援にお見えになるのですか？

秦　：横浜大会は両親が必ず見に来てくれます。私が住んでいる市原市の支援者の皆さんもレースが朝6時台のスタートと早いので始発電車では間に合わず、最寄り駅まで車で乗り合わせて、そこから電車で応援に来てくれます。すごく嬉しいですね。ちなみに両親は横浜のパンケーキがおいしいお店に行くのを楽しみにしていて、レースが終わると私もお店で待ち合わせて一緒にパンケーキを食べるというのが恒例になっています。横浜はレース観戦を目的に来る方もいれば、たまたま観光に来ていてレースを見る方もたくさんいると思うので、トライアスロンを多くの方に知っていただける最高のロケーションですよね。

花上：特にパラトライアスロンを初めて見る方には大きな
　　　インパクトがあると思います。パラトライアスロン
　　　の選手は観客から声をかけられることが多くありま
　　　せんか？

秦　：そうかもしれません。レースを終えてメイン会場の
　　　山下公園の中を抜け、トランジションエリアにある
　　　バイクをピックアップし荷物を持って会場前のホテ
　　　ルに戻るのですが、その道中、すごくたくさんの方
　　　が声をかけてくれます。行き交う方々が「お疲れ様
　　　でした」とか「レース見ていました。感動しました」
　　　とかいってくださるのは、とても嬉しいですね。翌
　　　日には一般のパラトライアスロンのレースがあって、
　　　前日にレースを終えた私たちエリート選手が応援す
　　　る側に回ります。自分たちが応援してもらって元気
　　　をいただいた分、今度は私たちが応援で恩返しをし
　　　ます。それも世界トライアスロンシリーズ横浜大会
　　　の醍醐味です。

花上：海外でも同じような大会はありますか？

秦　：たまにエリートと一般のレースがひとつになってい
　　　る大会がありますけど少ないですね。それに海外の

大会だとレースの翌朝には帰国するために早々と空港へ向かうことがほとんどなので、なかなか応援に行ったりは出来ません。世界トライアスロンシリーズ横浜大会は土曜・日曜の2日間、応援され、応援するという交流があるので、そこが大好きです。

花上：一般の部の参加者の中からエリートに上がってくる選手もいるでしょうね。

秦　：そうですね。実際、「今度は一緒に土曜日のレースに出ましょうね」なんて話したりしますよ。そうやってエリートを目指してくれる選手が出てくると、お互いに励みになります。

大会を通じた障がいへの理解、こどもたちとの忘れがたい体験

花上：私は2012年の世界トライアスロンシリーズ横浜大会でパラトライアスロンが加わった時、初めてパラトライアスロンの選手にお目にかかりましたが、レース後に食事に出かける際、義足を隠さずに街の中を歩いているのを見てとても驚いたんですよ。当時はまだ自分の中で義足は隠すものだという思い込みがあったんですね。ただ人間って面白いもので、すぐ

に慣れちゃうんですね。そうすると私などは「それはどんな仕組みになっているんですか？」なんて聞けるようになる。その体験がとても貴重だったんです。

秦 ：まさに「パラトライアスロンあるある」です。自分たちのレースが終わった後、選手同士で食事に出かけたり、翌日の一般のレースの応援に行ったりする時、義足にカバーをしている選手はあまりいません。特に開催時期が5月でもう暖かいので短パンで街へ繰り出します。日本では普段義足を出して歩いている人とすれ違う機会なんてないと思うので、義足を見慣れていない方はびっくりされると思います。でも、義足を隠さずに街を歩く選択肢が普通にあることを、大会を通じて日本の皆さんに知ってもらえたらいいなと思います。

花上：人の多い都市型の大会ならではという部分もありますよね。秦さんはいろいろな国の大会に出場されていますが、横浜大会の運営面やホスピタリティをどうお感じになっていますか？

秦 ：地域との関わりを強く感じます。大会を通じて、いかに地元に多くのことを伝え残していくかという意

思が伝わってくるんです。例えば、大会前のイベントや各種の企画などで、私たち選手が地元の皆さんと触れ合う機会を作ってくださいますよね。そうしてレース本番を迎えると、お互いにレースに懸ける思いが違ってきて、地元と繋がっている感覚を持ちながらレースを戦えます。ただ単に選手がレースをするのではなく、選手と地元の方々、運営の皆さんとがお互いに伝え合うことが多い大会だなと感じています。それこそ大会のレガシーではないでしょうか。

花上：私たち横浜市や運営陣の思いはちゃんと選手の皆さんに届いているんですね。世界トライアスロンシリーズ横浜大会に携わっている皆さんの「トライアスロン愛」は本当にすごいんですよ。我々の思いが選手の皆さんに伝わっていると知って、皆喜ぶと思います。

秦　：印象に残っているイベントがあります。レース前に障がいのある地元のこどもたちが新聞記者になって、インタビューしてくれたんです。それがとても楽しかったんですよね。取材した内容はちゃんと新聞記事になって、私も見せてもらいました。レース当日はその子たちが沿道で応援してくれて、車椅子に乗ったこどもたちが「頑張って！」と声援を送ってくれ

ました。

花上：それは日刊スポーツ新聞社さんとニコンイメージン
　　　グジャパンさんの協力のもとで毎年行っている「こ
　　　ども記者」ですね。キッズプロジェクトの一環なん
　　　です。

秦　：それです、それです。実はインタビュー前、少し悩
　　　んだんです。私たちは障がいがあっても走れるし泳
　　　げるわけですから、車椅子に乗ったこどもたちから
　　　見れば、「いろいろなことが出来るじゃん」って、
　　　もしかしたらすごく苦しい思いをするんじゃないか
　　　なって。本当は自分たちも自由に走ったり泳いだり
　　　したいのに出来ない悔しさって、どれほどのものかっ
　　　て……。自分はどんな顔でどんな話をすればいいん
　　　だろうと悩みました。でも、実際にその子たちに会
　　　ったら、すごく楽しそうに質問をしてくれて。沿道
　　　で元気に応援してくれる姿を見た時は本当に嬉しか
　　　った。忘れられない体験です。

花上：キッズプロジェクトを続けている甲斐があります。
　　　私も多様性のある横浜らしい意義のある企画だと思
　　　っているんですよ。

秦　：フィニッシュ後、こどもたちのところへ走って行っ
　　　てハイタッチさせてもらって。これまでに経験がな
　　　いくらいといえるほど、大きな勇気をもらいました。
　　　心と心が通じ合えた本当に素晴らしい機会をいただ
　　　いたと思います。

花上：こどもたちに何を質問されたか覚えていますか？

秦　：「レースで苦しい時、どうやって頑張るのですか？」
　　　という質問を受けました。それに対して「横浜は声
　　　援を送ってくださる方が多いから、応援の声に背中
　　　を押してもらっています」と答えたような気がします。

花上：選手にインタビューするという特別な体験と秦さん
　　　からもらった言葉は、きっとこどもたちの心に色濃
　　　く残っていると思いますよ。秦さんの一言で人生が
　　　変わっちゃうかもしれない。キッズプロジェクトは
　　　横浜大会の目玉のひとつで、障がいの有無にかかわ
　　　らずスポーツを通じてこどもたちに健やかに成長し
　　　て欲しいという願いを込めた、横浜市の取り組みな
　　　んです。

横浜大会は日本で唯一の国際大会、もっと知って欲しい

花上：パラトライアスロンの運営面について、世界トライ
　　　アスロンシリーズ横浜大会ならではのホスピタリティ
　　　や特長など感じることはありますか？

秦　：パラトライアスロン初開催の2012年以降、毎年大会
　　　を行うことでスタッフの皆さんがどんどん経験を積
　　　まれて、改善を重ねていらっしゃるので、年々運営
　　　がスムーズになっている印象があります。とても安
　　　心感がある大会のひとつです。パラトライアスロン
　　　の場合、選手によって出来ること出来ないことが違っ
　　　て、手を貸して欲しいこともそれぞれに違うので、
　　　以前は「何か困ったことがあれば何でもおっしゃっ
　　　てくださいね」と声をかけていただいて、「では、
　　　こうしていただけますか？」というやり取りがお互
　　　いにあったのですが、最近ではそれも必要なくなり
　　　ました。

花上：そうですか。そのやり取りの部分を具体的にお聞か
　　　せいただけますか？

秦　：例えば私は義足を使っていますが、スイムでは外し

て泳ぐんですね。つまり海から陸へ上がる際、左足1本になるので、スイムイグジットアシスタント（SEA＝スイムからトランジションへ向かうのをサポートするスタッフ）を大会運営側に用意していただいています。このSEAの方にしてみれば、自分たちのサポートがレースの順位に影響する場合があるので、ものすごくプレッシャーだと思うんです。「もし、自分が転んでしまったら選手に迷惑をかけてしまう。絶対に失敗出来ない」って。そうした中で大会を重ねるごとにSEAの方も選手も互いに慣れてきて、今は不安なくお任せ出来るのでありがたいなと思います。横浜大会はボランティアの数もすごく多いですね。皆さん、とても温かいです。

花上：そう聞いて安心しました。でも、改善して欲しい点は遠慮なくおっしゃってくださいね。運営する側としてはどんな些細なことでも知りたいところです。

秦　：うーん、あえていえばレースのスタート時刻が朝早いところですかね（笑）。

花上：朝6時台ですもんね。私もそう思います（笑）。

秦　：交通規制の事情があるとは思うんですけれども、も
　　　うちょっと開始時刻を遅くしてもらえたら、もっと
　　　多くの方にパラトライアスロンを見てもらえるのに
　　　と思います。後は事前PRをもっとしていただけた
　　　らというのもありますね。日本で開催されるトライ
　　　アスロンの世界大会って横浜しかなくて、世界中の
　　　トップトライアスリートが集結する特別なレースで
　　　すから、それをもっと日本中の人に知って欲しいし
　　　見て欲しいです。そして、レースを見てくれた方が
　　　「自分も身体を動かしてみようかな」と思って、ト
　　　ライアスロンでなくても運動を始めるとか、散歩を
　　　するという方が増えてくれれば嬉しいです。是非、
　　　もっともっと告知をしていただきたいし、私たち選
　　　手もいい成績をあげられるよう頑張ります。

花上：海外の選手は横浜大会をどう思っているのでしょう？

秦　：皆、日本も日本食も好きみたいで、よく「どこに行
　　　けばおいしいものを食べられるの？」という質問を
　　　受けます。私がインスタグラムにお好み焼きをアッ
　　　プしたことがあって、それを見た海外の選手から「こ
　　　れは何という食べ物？」と連絡が来たこともありま
　　　す。「これは卵と小麦粉とキャベツを混ぜて焼いた

ものだよ」と答えると、「卵焼きなの？」と興味津々で（笑）。「今度、横浜大会に行った時においしいお好み焼きのお店を教えてね」って。皆、横浜に来て日本の食や文化に触れるのを楽しみにしています。

花上：横浜には飲食店の数も種類も多いから、食べ物が楽しみというのも大会の魅力のひとつですよね。秦さんにとってはパラトライアスロンの魅力って何ですか？

秦　：様々な障がいのある選手たちが一堂に会し、それぞれ工夫を凝らして3種目を戦うのがすごく面白いです。義足などの道具を駆使したり、バイクを独自に改造したり、視覚障がいの選手は「ガイド」と呼ばれる健常のパートナーと一緒にレースをしたり、本当にバラエティー豊かなので、パラトライアスロンは競技をしていても見ていても楽しいと思います。「あの選手は足がないけれど、あんな義足を使っている。でも、あっちの選手はまた違う形状の義足を使っている」というふうに、選手がコースを周回するたびに何度も見比べることが出来ます。

花上：まさに私もそうやって楽しんでいます。パラトライ

アスロンはバイクも本当にいろいろあって面白いし、迫力もありますよね。

秦　：特に2人乗りのタンデムバイクはふたりの力が合わさるので迫力がありますよね。前に乗っているガイドが後ろの選手に「次、止まれ、3・2・1！」などと声をかけながら走り抜けていく、あの風を切る音の臨場感。それから選手の私がいうのも何ですが、トライアスロンの選手たちはものすごくいい身体をしています。私自身、初めてトライアスロンを見た時、トライアスリートの汗の一粒一粒までもが美しいと感じました。そこには、障がいの有無に関係なく、人間が全身を使って自分自身に挑戦する姿の美しさや、人間の生命の力強さが表れていました。すごくかっこいいなって憧れましたね。

花上：パラトライアスロンを見ていると、自分も力強く挑戦していくような人生を送りたいなと思えます。

横浜からパラトライアスロン人口を増やしたい

秦　：それからこれはトライアスロンの特長のひとつでもあるのですが、タイムレースではなく順位を競う競

技なので、フィニッシュを目指す選手全員が勝者だという考え方があります。それがものすごく素晴らしいと思うんです。だから私たち選手はフィニッシュした後、同じクラスの選手が戻ってくるのを待って、互いに抱き合い「よく頑張った」と讃え合う。「皆がグッジョブだ」という一体感でリスペクトし合います。是非、観客の皆さんにはフィニッシュした後の選手の姿にもご注目いただき、トライアスロンならではの美しい瞬間を見ていただきたいと思います。

花上：トライアスロンはハードでストイックというイメージをお持ちの方も多いと思いますけれども、実は年齢や性別、障がいの有無にかかわらず楽しめる寛容なスポーツですよね。

秦　：はい。「3種目あって大変だね」とよくいわれますが、裏を返せば得意な種目は人それぞれなので、自分のよいところを伸ばしつつ苦手な部分を鍛えて克服していく面白さがあります。探究が尽きません。

花上：世界トライアスロンシリーズ横浜大会におけるパラトライアスロンは、2017年にシリーズ化され、いろいろな歴史を踏まえて連続開催されてきました。そ

のことについてはどう思われますか？

秦　：あれだけ大規模な大会を運営してくださる大会関係
　　　者の皆さんの熱量、それに尽きると思います。どん
　　　どん素晴らしい大会になって大勢の人が集まり、集
　　　まってきた人たちにも情熱が広がっていくのを毎年
　　　感じています。

花上：2020年5月の大会は新型コロナウイルス感染拡大の
　　　影響で大会史上初めて中止となりました。残念だと
　　　いう声も聞こえてきましたけれども、エリートの選
　　　手としてはどのように感じましたか？

秦　：3月にオーストラリアのデボンポートでレースを終
　　　えて帰国した時点で、世界中がコロナの影響を受け
　　　て自粛期間に入りました。命が一番大事だというの
　　　をすごく実感していましたし、スポーツはやはり生
　　　命の安全がなければ本当に楽しめない。当然、感動
　　　なんて味わえません。だから2020年大会は開催され
　　　なくて、内心ホッとしました。世界を見渡してもい
　　　くつもの大会が中止になって、それが最善だったの
　　　かもしれないと思います。世界トライアスロンシリー
　　　ズ横浜大会も中止になったことを前向きに捉え、皆

で助け合っていこうと考えられたらいいと思っています。

花上：今後の世界トライアスロンシリーズ横浜大会に期待することと、秦さんご自身の目標を聞かせてください。

秦　：世界中の選手にとって、世界トライアスロンシリーズ横浜大会は目標のひとつになる大会ですから、これからもそうあり続けて欲しいです。自分の目標としては、やはり横浜で勝ち続けたいなと思いますね。その姿を見てもらって、「パラトライアスロンをやってみたい」と思ってくれる方をひとりでも多く増やすことが私の使命でもありますから。PTS2クラスの女性は未だに日本で私ひとりだけなので、そこの選手層も増やしていきたい。それには私が勝たなければ！

花上：例えば障がいのある方が走ってみたい、泳いでみたい、バイクに乗ってみたいと思った時、どこから入門していけばいいのでしょう？　始めの一歩の踏み出し方が難しい気がします。

秦　：その方の障がいや環境によって、いろいろなアプロー

チがあると思います。ひとつは日本トライアスロン連合（JTU）に問い合わせる方法がありますが、もっと初期の段階、何もスポーツをしたことがないという場合は、お住まいの地域で練習が出来る場所を探すのが一番だと思います。例えば地元のスイミングスクールに片っ端から問い合わせてみるとか、ランニングチームを調べてそこに参加してみるとか。もちろん断られるケースもあると思いますけれども、めげないことです。もし、「あなたは障がい者だからちょっと無理ですよ」と断られたとしても、壁をぶち壊し切り開いていくのは自分自身でしかありません。

花上：最初はスポーツ用の義足や義手をどこで手配すればいいのか、費用はどれくらいかかるのかもわかりませんね。

秦　：そうなんですよね。まずは日頃お世話になっている義肢装具士さんに相談してみるのがよいと思います。後はインターネットで検索すると、いろいろ情報が出てきます。障がいがあってもスポーツをやりたいと思っている方は全国にいるはずなんですよ。今はトライアスロンに限らずパラスポーツが発展し

ていく過渡期にありますので、そういう方々がもっ
と手軽にアクセス出来る仕組みが必要だと感じてい
ます。スポーツを始めたい人の情熱を起爆剤として、
もっともっとパラトライアスロンが普及していくこ
とを願っています。

室伏広治

スポーツ庁長官
元ハンマー投げ選手

オリンピックで金メダルと銅メダルに輝いたハンマー投げのレジェンド・室伏広治氏は2015、2016年の2年連続で世界トライアスロンシリーズ横浜大会を訪れている。当時は東京オリンピック・パラリンピック大会組織委員会のスポーツディレクター、そして現在はスポーツ庁長官の立場から、日本で連続開催されている世界トライアスロンシリーズ横浜大会の意義について伺った。

2015年世界トライアスロンシリーズ横浜大会、山下公園フィニッシュ前のテントにて

五輪金メダリストも認める運営能力の高さ

花上：室伏さんには2015年と2016年の大会にお越しいただ
　　　きました。初めて室伏さんにお会いして、ハンマー
　　　投げのヒーローが目の前にいることに大変感激した
　　　のを覚えています。

室伏：ありがとうございます。横浜は日本の歴史上、いち
　　　早く開港した国際的な場所です。オリンピック種目
　　　の中では比較的新しいトライアスロン競技が、歴史
　　　ある都市と非常にマッチしていて、そこが大変素晴
　　　らしいですね。

花上：室伏さんがレースをご覧になった場所は山下公園の
　　　フィニッシュ地点でしたが、合計51.5kmのレース
　　　から戻ってくる選手たちをどんな気持ちで迎えまし
　　　たか？

室伏：トライアスロンはどれか1種目だけよくても成り立
　　　たない競技です。相当なスタミナが必要ですから、
　　　3種目全てを戦い終えてゴールへと飛び込んでくる
　　　全選手の皆さんの姿に、心から感動を覚えました。
　　　私は東京オリンピック・パラリンピックの開催が

2013年10月に決まった後、2014年6月から2020年9月までの6年3か月、大会組織委員会のスポーツディレクターとしてあらゆるオリンピック競技とパラリンピック競技を見てきました。その中でもトライアスロンではトランジションという他の競技にはない特徴的な部分を拝見し、レースに大きく影響することを知りました。特に義足の交換がある場面では「大丈夫かな、アクシデントが起きないかな」とハラハラして見ていました。

花上：トランジションに注目されるとは、さすが目のつけどころが違いますね。トランジションはスイム、バイク、ランを繋ぐ「第4の種目」といわれるくらい重要ですから、私も見どころのひとつだと思います。

室伏：世界トライアスロンシリーズ横浜大会はオリンピック競技もパラリンピック競技もひとつの大会で行われるのもいいですね。実は他競技には少ない事例でして、このことはWT（ワールドトライアスロン）及びJTU（日本トライアスロン連合）がパラリンピック競技にも垣根なく力を入れている現れです。新しい競技、新しい組織らしい先進的な取り組みですよね。

花上：室伏さんは英語も堪能でいらっしゃるので、WTの
　　　マリソル・カサド会長とも非常にフレンドリーに会
　　　話されているところをお見かけしました。横浜大会
　　　についてはどんなお話をされましたか？

室伏：運営がオーガナイズされていて、安心出来る大会だ
　　　とおっしゃっていました。私もその通りだと思いま
　　　したし、マリソル会長を始め、WT幹部の皆さんも
　　　毎年楽しみに来られているようで、横浜大会はとて
　　　も評判がよいのだなという印象を受けました。

花上：それは嬉しいです。オリンピックの金メダリストと
　　　いうプレゼンスの高い室伏さんが横浜大会を応援し
　　　てくださっていることも、世界トライアスロンシリー
　　　ズ横浜大会の価値を認めていただけた要因だと思い
　　　ます。

室伏：スポーツを通じて横浜が素晴らしい都市だというこ
　　　とを、より広く世界に知ってもらえて、私も嬉しい
　　　です。私自身、現役選手時代は横浜国際総合競技場
　　　（日産スタジアム）で何度も大会に出場させてもら
　　　って日本記録を更新したこともありますし、横浜に
　　　は大切な思い出がたくさんあります。

花上：2005年には横浜スタジアムで始球式もされましたね。あの時は131km/hを出してスタンドを沸かせました。私も拝見してびっくりしました。

室伏：そうでしたね、ベイスターズ対巨人戦で投げさせていただきました。あれも本当にいい思い出です。

花上：実は私も始球式で投げたことがありまして、私の場合は軟球だったんですけれども114km/h出ました。

室伏：それはすごい！ 花上先生は山下公園の前の海を泳がれたとも聞きました。

花上：横浜でトライアスロン大会を実現するために60歳でクロールを特訓して泳げるようになりました。室伏さん、もしかして泳ぎも得意でいらっしゃるのですか？

室伏：まぁまぁです。スプリントは得意な方ですよ。現役選手の頃、私は愛知県の中京大学を拠点に競技活動をしていまして、よく水泳部の早朝練習にお邪魔してトレーニングの一環で泳いでいました。一度、記録会をやっていたのでリレーに参加させてもらった

ら、かなり盛り上がりましたよ（笑）。

花上：ちなみに、タイムはどれくらいだったのでしょう？

室伏：50mを泳いで27秒台とか、それくらいでしたね。

花上：それはかなり速いです。室伏さんは本当にスポーツ
　　　万能でいらっしゃるし、スポーツマンシップも身に
　　　つけておられて、たくましさと爽やかさを備えた一
　　　流のアスリートだと尊敬します。そうしたご自身の
　　　競技経験をもとに、横浜大会に出場する日本人選手
　　　たちにアドバイスをされたというお話も聞いています。

室伏：2016年大会の時ですね。ちょうどリオデジャネイロ・
　　　オリンピックの2か月前で、怪我をしない身体作り
　　　という観点でお話しをさせていただきました。食事
　　　も一緒にとらせていただきながら、「怪我をしなけ
　　　れば練習が積める。練習が積めれば強くなるし速く
　　　なる」というような話をしました。

花上：長く競技を続けられた室伏さんならではのアドバイ
　　　スですね。トライアスロンというスポーツを運動の
　　　観点からはどうご覧になりますか？

室伏：泳ぐことと走ること、そしてサイクリングというの
　　　は日常的に楽しめる運動で、このコロナ禍でもきち
　　　んとフィジカルディスタンスを取って出来ると思い
　　　ます。有酸素運動で健康にいいので、是非トライア
　　　スロンにトライする方たちが増えて欲しいですね。
　　　私も自宅でステーショナリーバイクを漕いだり、ケ
　　　トルベルやバンドを使った軽いトレーニングをして
　　　いますよ。

花上：トライアスロンは広い年齢層で楽しんでもらえるス
　　　ポーツで、世界トライアスロンシリーズ横浜大会で
　　　も初日のエリートの部に続いて行われる2日目のエ
　　　イジの部には、毎年大勢の愛好家の皆さんが参加さ
　　　れます。

室伏：エリート選手が戦ったコースで自分たちもレースが
　　　出来るというのはモチベーションになると思います。
　　　また、2022年5月には1年延期された30歳以上が対象
　　　の「ワールドマスターズゲームズ2021関西」が開催
　　　される予定で、トライアスロンも競技に含まれてい
　　　ますから、働き盛り世代やシニア世代の方々にもト
　　　ライアスロンを楽しんでもらえるといいですよね。

花上：最後になりますが、2009年に産声をあげた世界トラ
　　　イアスロンシリーズ横浜大会が今日まで毎年連続開
　　　催（※2010年を除く）して参りました。本大会の今
　　　後に期待することをお聞かせください。

室伏：国内で10年以上に亘り国際大会が開かれ、それを特
　　　に若い世代が世界のトップ選手を間近に見ることが
　　　出来ることは、競技普及や教育的な観点からも理想
　　　的な環境だと思います。また、スポーツを「する・
　　　みる・ささえる」を実践されている世界トライアス
　　　ロンシリーズ横浜大会では、ボランティアや地元あ
　　　げての応援が根づいていて本当に素晴らしい。これ
　　　からも引き続き横浜大会を盛り上げていただきたい
　　　です。私たちスポーツ庁としてもより一層の発展と
　　　成功を応援させいただきます。

室伏 広治
（むろふし・こうじ）

スポーツ庁長官。1974年、静岡県沼津市出身。
陸上競技のハンマー投げ選手として2000年シドニー、2004年
アテネ、2008年北京、2012年ロンドン五輪に出場。アテネ五
輪では陸上・投擲種目でアジア史上初の金メダルに輝いた。現
役中の2007年に中京大学大学院体育学研究科にて博士号を取
得。2011年同大学スポーツ科学部にて准教授を務める。2014
年には東京医科歯科大学にて教授を務めると同時に、スポーツ
サイエンスセンターのセンター長にも就任した。また、2014
年に東京オリンピック・パラリンピック競技大会組織委員会ス
ポーツディレクターに選任され、日本オリンピック委員会理事、
日本陸上競技連盟理事、世界アンチドーピング機構アスリート
委員などを歴任し、2020年10月より現職に就く。

様々な事象にどう対応するか

　大会運営の現場では状況が刻一刻と変化し、あちらこちらで大小様々な事象が発生するものです。

　私などは大会が始まってしまえば、後は見守るしかないのですが、大会事務局にはレースディレクターやテクニカルオフィシャル（TO）と呼ばれる審判員、警備、交通規制、輸送、会場設営、選手対応、VIP対応、ボランティア対応、メディア対応、備品管理、メディカル対応、ケータリング管理など多くの仕事があり、それぞれの持ち場が連携しながら同時進行で作業を行なっています。

　その中で私が忘れられないのは、2009年の初開催の時に起きたハプニングです。

　大会前日、首都高速道路を自転車で走っている選手がいると警察署から大会事務局に連絡が入りました。ドライバーから警察に通報があったそうで、事務局のスタッフが慌てて車で駆けつけると、それは翌日のレースに備えてバイク練習をするオーストラリアの男子エリート選手でした。

　聞けば、オーストラリアでは自転車でも高速道路を走れるそうで、そうとは知らない我々日本の運営側は高速道路はノーマークだったわけです。

　幸い無事に済んだのですが、これを教訓に2回目の開催

からは首都高速道路の進入禁止が選手向けの注意事項に加わりました。

その他にも起こる数えきれない事象・事態に対応してくれている〝よろず請負人〟と呼ばれる人物がいます。13年前、60歳だった私にクロールの手ほどきをしてくれた横浜市トライアスロン協会の小金澤光司副会長です。

小金澤副会長は国際審判の資格を持つTOで、世界トライアスロンシリーズ横浜大会では初開催の時から危機管理プロジェクトのメンバーとして現場のトラブル対応にあたってくれています。

ご自身もトライアスリートでトライアスロン愛にあふれる小金澤副会長。現場で誰もが頼りにしている縁の下の力持ちです。

小金澤光司

横浜市トライアスロン協会副会長
JTU技術委員会副委員長
国際審判

"よろず請負人" の奮闘記

　私の役目は国内外のTOを束ねるチーフ・レース・オフィシャル（CRO）……のはずなんですが、あんなことからこんなことまで、おおよそ審判の仕事ではないと思われる事象が次から次へと降ってきます。

　例えば過去には、宿泊代を持っていない選手のホームステイの依頼を受けたことがありました。オーストラリアから来たジュニアの女子選手で、「誰か受け入れてもらえないか」というので、我が家に4泊5日のホームステイをしてもらいました。幸い私の家族は大歓迎で、彼女と同い年の娘は意気投合して楽しそうでしたが、私の方はというと、昼は大会運営、帰宅すれば選手をお預かりしている身としての責任感で気が気ではありませんでした。

　海外選手の受け入れでは、パラトライアスロンの選手が羽田空港に着いた途端、競技用車椅子が壊れていることに気づき、急いで修理先を探さなくてはならないという問題が発生しました。会場にもバイクメカニックは控えていま

すが、アルミ部分の破損で手に負えず、選手も「これでは
レースに出られない」と諦めムードでした。

　でも、せっかく日本まで来てくださったのに、それでは
あまりにも気の毒です。私を含む数名でアルミ溶接の出来
る工場を探し、ようやく見つけた旭区の町工場で直しても
らいました。

　審判まわりでは、海外から来たTOのリクエストや相談
にも乗ります。例えばこんな具合。

　Ａさん「私は相撲が好き。今、夏場所をやっていると聞
いたので両国国技館へ行きたい」

　Ｂさん「日本ではサントリーのリザーブウイスキーが安
く買えると聞いたんだけど、どこへ行けば買えるの？」

　Ｃさん「アシックスのシューズ、フィリピンで買うと高
いけど、日本なら半値ぐらいだというから、是非買える店
に連れていって欲しい」

　レースとは関係ない頼まれごとも非常に多く、まるで雑
用係です。初開催の時は私も腹を立ててカナダ人のテクニ
カル・デリゲートに「困っている」と相談をしました。す
ると「That's one of your job！（それも仕事のうち）」と
いう身も蓋もない返事。なんだか怒りも冷めて、代わりに
上手い対処法を身につけました。それは「ノー」とはいわ
ないけれど、すぐに対応しようとしないことです。

　生真面目な日本人は、お願いされたらすぐに応えなけれ

ばと思ってしまう習性がありますが、外国の方は基本的に
どんどんいってきますから、いったん話を聞いて、「今は
対応出来ないけれど、この時間帯だったらいいよ」とか、
今の時代はインターネットがあるので検索キーワードを教
えてあげて「調べてみてね」というなどすれば、決して失
礼にはなりません。

　そういう身の施し方も世界トライアスロンシリーズ横浜
大会で学びましたし、何よりも世界中にTOの仲間が出来
るというのは嬉しいものです。

　私たちTOは「横浜大会を成功させたい！」という思い
を胸に気持ちをひとつにしてレースの現場に立っています。
TOの使命は選手の安全を守り、公平にレースをしてもら
い、選手によい思い出をプレゼントすること。それを警察
や警備、ボランティアの皆さんと一緒に実現しています。

　大会が成功で幕を降ろし、皆さんが笑顔になる瞬間、ト
ラブル対応に追われた苦労は毎回吹き飛んでしまいます。

第4章　世界に誇る大会運営

NHK生放送と世界同時ライブ配信

　世界トライアスロンシリーズ横浜大会のスポーツイベントとしてのすごさはテレビ放送とインターネット配信にもあります。

　日本国内では、実に5時間にも及ぶレース中継がNHK BSで生放送され、国際テレビ映像とインターネットで世界190以上の国と地域にライブ配信されているのです。

　これはものすごいことで、私は初めてテレビの中継車や何台ものカメラが大会会場に入っている光景を見た時、非常に感激しました。そして当時、JTU名誉会長の猪谷千春さんがおしゃっていた「トライアスロンはオリンピック競技の中で視聴率・観客動員などで全競技の中で8番目の人気なんですよ」という言葉は本当にそうなのだと確信しました。

　テレビ映像には横浜の街並みがリアルタイムで映り、コース脇の横断幕に書かれた「YOKOHAMA」の文字が何度も映し出されます。これが世界中に同時発信されているのですから、シティセールス効果は絶大です。これを横浜市が独自にやろうとしたら、びっくりするようなPR費用がかかるでしょう。

　横浜市は日本で東京に次ぐ人口を誇る大都市にもかかわらず、海外での知名度でいえば東京や京都のほうが上。横

浜の存在を世界に周知する観点からも世界トライアスロンシリーズ横浜大会はこの10年間そしてこれからも多大な貢献をしているのです。

大塚眞一郎

国際トライアスロン連合（WT）副会長
公益社団法人日本トライアスロン連合（JTU）専務理事

国際映像制作の舞台裏

　ワールドトライアスロン（WT）※は世界トライアスロンシリーズのホストシティに国際映像の制作を義務づけています。横浜大会のホスト局はNHKに決まり、国際映像の制作とあわせて国内放送もお願いしています。

　依頼するにあたっては、民放各局も含めてどの局に相談するかを検討しました。その結果、1990年代から世界トライアスロン選手権とワールドカップの国際映像を買ってもらっていたNHKのスポーツ報道センターの門を叩くことになりました。

　国内放送に関しては5時間の生中継をして欲しいとリクエストしたところ、後日に「BS放送なら出来ます」との返事。それに対して私たちは「是非、地上波でお願いします」と粘りました。しかし、地上波で5時間もの尺は取れないということでBS放送にお願いすることになりました。

※国際トライアスロン連合 (International Triathlon Union：ITU) が 2020
年に「ワールド・トライアスロン (World Triathlon：WT)」という新名称に変更

やはりスポーツ中継の醍醐味はライブで見ることにありますから、生中継にこだわりました。

　こうして2011年の第2回大会から世界トライアスロンシリーズ横浜大会の日本世界の同時中継と当時では珍しいインターネットライブ中継が始まりました。ちなみに、初開催の2009年大会は横浜開港150周年記念事業として行われたこともあり、まだ世界シリーズ化が決まっていなかったことからも録画放送となりました。

　いざ、国際映像を作るとなるとテクニカル上の様々な問題が浮上してきました。

　ひとつはヘリコプターを飛ばせないという問題です。トライアスロンのレースは当時、上空からヘリコプターでコースを撮影するのが放送契約条件でしたが、横浜大会の会場周辺エリアは横浜中華街や住居やマンションの密集地帯のため騒音の大きいヘリコプターの飛行禁止（騒音禁止）等が住民と合意されていたのです。

　それから、テレビ中継車の問題。本来はスイムのスタート付近に中継車を入れたいのですが、山下公園は関東大震災の瓦礫で埋め立てているため、10t近くもある中継車が入ると地盤が耐えられないのではないかという懸念がありました。

　次に、尋常ではない量のケーブルの問題。ランのフィニッ

シュエリアと中継車の間に20数kmものインターネット回線ケーブルを敷き詰めなければならず、これも苦心しました。

　そして、国際映像をロンドンに送る費用の問題。国際映像に英語音声を入れるスタジオがイギリスのロンドンにあるため、一旦、衛星にアップリンクして映像を送るという、スポーツ中継ではよくある手法がとられたのですが、さすがに5時間もアップリンクし続けるとコストが数百万単位でかかるため、費用をどう工面するかが大きな問題となったのです。

　私たちはこれらの問題を関係各所と協力しながら、ひとつずつ解決していきました。

　まずヘリコプター問題はNHKが70mクレーンを手配してくれて、さらにメイン会場前のホテルモントレ横浜やホテルニューグランドの屋上にカメラを設置。そこからもコース上を撮影し映像を集めました。すると、ヘリコプターから撮るよりもきれいな映像が撮れることが判明。コストも半分程度に抑えることが出来たのです。これの事例を契機に他の国際大会でもクレーン撮影が導入されるようになりました。

　インターネット回線ケーブルについては、大会のメインパートナーであるNTT東日本が完璧に整えてくれました。現在はインターネットが発達し、Wi-Fiでも安定して中継車まで映像を飛ばせるようになりましたが、2011年当時は

まだWi-Fiが不安定で、その補填として有線によるインターネット環境が必要だったのです。

　裏方の技術だけではなく、視聴者が見て楽しめる、新たな放送技術が横浜大会をきっかけに定着しました。NHKからは、選手の自転車に小型カメラ装着し、臨場感あふれる映像がライブで放送出来るというアイディアと技術が提供されました。NTTからは、選手にGPSを装着することで、位置情報、順位、トップとの時間差・距離の差などの自動ライブ計測、加えて心拍数、バイク回転数などのリアルタイムの情報が取得出来る技術の提供が行われました。新しいテクノロジーを駆使したチャレンジが、以降どんどんブラッシュアップされ、現在もレース中継を彩っています。

　あれから10年、中継技術は劇的に進化しました。世界トライアスロンシリーズ横浜大会を通じて培われたスポーツ映像制作の変化の歴史が、2020年以降も続いています。

　今日、世界トライアスロンシリーズ横浜大会の現場では4種類のライブ映像が同時制作されています。1つめはWTの国際映像、2つめはNHK BSの国内映像、3つめはインターネット配信用の映像、そして4つめは会場の大型ビジョンに流す映像です。会場用の映像はWTの国際映像とリンクさせていますが、音声は会場にいるMCが日本語でつけています。

　こうして映像に多様性を持たせるのは非常にチャレンジングな試みですが、視聴者ニーズに合わせてやっていこうという積極的な姿勢がNHKやNTT東日本、大会組織委員会のすごさだと思います。

　そんな世界トライアスロンシリーズ横浜大会は2021年、さらなるチャレンジとして5つ目の映像配信、「YouTubeチャンネル」によるライブ配信を始めます。レースまわりの他に、大会のもうひとつの魅力である、人気のEXPO※の様子を紹介する予定です。メイン会場で開催されるEXPOにはスポンサーの出展ブースやエリート選手のトークショー、おいしい料理を提供するキッチンカーなどが目白押しですから、これらをライブ配信すれば会場に来られない皆さんにも大会の盛り上がりを感じていただけることでしょう。

　トライアスロンはもともと遊びから始まったスポーツ。スポーツの「プレイ（Play）」には「遊ぶ」という意味もありますから、トップアスリートの真剣勝負の舞台でもあり、誰もが健康になれて楽しめるスポーツであることも世界トライアスロンシリーズ横浜大会の目指す姿なのです。

※ EXPO 開催は、新型コロナウイルスの警戒レベルにより判断されます。

ボランティア文化の醸成

　世界トライアスロンシリーズ横浜大会に欠かせないのが
ボランティアの存在です。現在、約300人の皆さんが横浜
市スポーツボランティアセンターに登録し、大会を支えて
くれています。

　私はボランティアの皆さんがいきいきと活動されている
姿を見るのが好きで、スポーツというのは「する・みる・
ささえる」があって初めて成り立つのだなと実感します。

　大会での主な活動には、パラトライアスロンに出場する
エリート選手の練習会場でのサポートやエリート及びエイ
ジの部の運営補助、インフォメーションでの案内、給水所
での給水活動、メイン会場やコース沿道での観戦客の誘導、
会場のクリーン活動などがあります。

　18歳以上の健康な方で、参加選手や観戦客を温かいおも
てなしの心で迎えたいという方ならどなたでも応募可能で
す。事前説明会もありますので、スポーツボランティアは
初めてという方も安心して参加していただけると思います。

　また、世界トライアスロンシリーズ横浜大会ではこども
たちがボランティア参加するキッズプロジェクトもあり、
フィニッシュする選手たちをこどもたちがハイタッチで迎
える「タッチキッズ」や、選手に取材をして本物の新聞記

事を書く「こども記者」が大変な人気です。

　こども記者は、大会組織委員会にも参加いただいている日刊スポーツ新聞社と、カメラなどの機材を貸し出してくれるニコンイメージングジャパンの協力で実現したもの。こども記者は事前に記事の書き方や取材の仕方、カメラの扱い方を学びます。そして、大会本番で実際に取材と撮影を行い、その記事が後日、『横浜こどもスポーツ新聞』となって発行されます。

　このように世界トライアスロンシリーズ横浜大会ではスポーツの醍醐味である「する・みる・ささえる」をこども大人も楽しんでいるのです。

　私はスポーツを通したボランティア文化が横浜で育ち根づいていることも、世界のトライアスロンシティ横浜の財産だと思っています。

亀村理太郎

キッズボランティア

「世界のオリンピック選手とタッチできてうれしかった」

　ぼくは小学4年生の時、世界トライアスロンシリーズ横浜大会でタッチキッズをやりました。学校でボランティアを募集する手紙が配られて、それを見たお父さんにすすめられました。

　ぼくはそれまでボランティアという言葉も、実際に何をするのかも知りませんでした。でも、お父さんがトライアスロンの選手と審判をやっていて、ぼくもお父さんといっしょに3才の頃からトライアスロンをやっているので、トライアスロンのことはよく知っていました。

　水泳を始めたのは1才になる前。スイミングスクールでベビースイミングを習っていました。だからトライアスロンの中で一番得意なのはスイムです。

　タッチキッズをやった時は、まだ小学4年生だったけれど、世界のオリンピック選手とタッチができてうれしかったことをよく覚えています。

　ぼくがタッチキッズをやっている姿は『横浜こどもスポー

ツ新聞』の記事にのって、学校にも配られ、それを見たみんながぼくの教室に集まってきて大さわぎになりました。

　タッチキッズの記念にもらったTシャツやかっこいい帽子はもったいなくて使っていません。ぼくの大切な宝物です。

　小学5年生の時ぼくは、世界トライアスロンシリーズ横浜大会のエリート選手のレースに引き続いて開かれた、キッズデュアスロン大会に出場しました。デュアスロンなので、ぼくの得意なスイムはなく、順位もつけられなかったけれど、わりと早いほうでフィニッシュできました。

　ぼくは今年から中学生ですが、今度は一般のボランティアもやってみたいし、中学生のレースにも出てみたいと思っています。

コロナ禍で"より安心で安全な"大会運営

　2009年から2019年までの間に10回の大会を継続開催（2010年を除く）してきた世界トライアスロンシリーズ横浜大会は2020年5月、新型コロナウイルス感染症の拡大によって初めて中止を余儀なくされました。

　過去には2011年3月11日の東日本大震災の影響で、その年の5月に予定されていた大会が9月に延期されたことがありましたが、中止することなく何とか開催に漕ぎつけました。

　しかし、2020年はピンチを免れることは出来ませんでした。

　そうした中、世界トライアスロンシリーズ横浜大会は、より安心で安全な大会を目指し、JTUが作成したガイドラインに則って、3密回避や消毒の徹底、参加選手の検温及びPCR検査の義務化など、様々な感染防止対策を講じています。

　また、障がいの種類や状態によっては感染防止対策がより重要になってくるパラトライアスロンでは、装具の運び込みを選手本人もしくはチームスタッフのみに限定したり、フィニッシュテープは使わないなどの新たな項目が注意点に盛り込まれています。

　スイムから上がってくる選手を水から引き上げ、トランジションエリアへの移動を両脇でサポートする「スイム・イグジット・アシスタント（SEA）」は選手との接触が避

けられないため、フェースシールドを着用したり、消毒を
徹底するなどして感染予防対策に努めています。

　これらの取り組みは参加選手やコーチの協力はもとより、
大会組織委員会、ボランティア、そして観戦客の皆さんと
いった全ての方たちに関わることです。withコロナ時代
の新しい大会運営は関係各所の理解と連携なしで進めるこ
とは出来ません。

山口 宏

公益財団法人 横浜市スポーツ協会 会長

山口宏
（やまぐち・ひろし）

公益財団法人横浜市スポーツ協会会長。

1959年、横浜生まれ。祖父・山口久像（横浜スタジアム初代社長）の影響と、巨人軍の長嶋茂雄選手への憧れから、小学4年生から野球を始める。東海大相模高校時代、野球部の主将を務め、原辰徳らとともに春夏合わせ計4回の甲子園大会出場を果たす。横浜野球協会会長、横浜野球連盟会長などを務め、横浜市の地域スポーツを支える。2010年、横浜市体育協会の第8代会長に就任。同団体は「公益財団法人 横浜市スポーツ協会」と名を改め現在に至る。

メッセージ

　このたびは、『横浜トライ！　横浜はなぜ世界のトライアスロンシティになったのか？』の刊行を心からお喜び申し上げます。

　「トライアスロン世界選手権シリーズ横浜大会」は、2009年の横浜開港150周年記念事業として開催。2012年以降「世界トライアスロンシリーズ横浜大会」と名前を新たに継続され、2019年で10回の節目を迎えました。まさに横浜の風物詩として定着した本大会は、横浜市民に夢と感動を与え、横浜のスポーツの発展に大きく貢献されています。これは、横浜市トライアスロン協会の皆様の情熱とたゆまぬご尽力の賜物であり、深く敬意を表しますとともに心から感謝申し上げます。

　現在、新型コロナウイルス感染症の影響で、11回目を迎える2020年大会の開催は見送られ、スポーツ活動が停止・縮小する状況に陥っており、横浜市内においてもスポーツイベントの自粛が続く厳しさが増しているところです。
　横浜市スポーツ協会としては、こうした厳しい環境下にある今こそ、市民の皆様の健康、夢と希望を与えられるようスポーツの持つ力、魅力を伝えていかなければならない使命を果たす時が来ると信じて取り組んでいます。

結びに、本書の刊行を契機として、横浜市トライアスロン協会のますますのご発展と会員の皆様のご健勝、ご活躍をお祈りしましてお祝いの言葉とします。

会長 山口 宏

終わりに

「ワールドトライアスロンシリーズ横浜大会」の
継続と発展を目指して

　最後まで目を通していただき、ありがとうございます。
『横浜トライ！　横浜はなぜ世界のトライアスロンシティ
になったのか？』の理由をおわかりいただけたでしょうか。
　お気づきの通り、この本のタイトルには大会主催である
横浜市の「やってみよう」という「トライ」の精神と、ト
ライアスロンの「トライ」の意味が込められています。
　ワールドトライアスロンシリーズ横浜大会の準備段階か
ら数えると15年以上が経ち、私の記憶もおぼろげな部分も
あり、大会の開催に尽力してこられた関係者や功労者に改
めてお話を伺いました。そして懐かしく思い出されること
や、今になって初めて知ることがたくさんありました。
　そして、執筆の過程で気づいたことが多くあります。
　ワールドトライアスロンシリーズ横浜大会が、日本の自
治体の中では特筆して早くから多様性を受け入れ、障がい
者スポーツを導入した共生社会に取り組んだということ。
本当に多くの皆さんに支えられているということ。そして、
トライアスロンを通じてスポーツを「する・みる・ささえ
る」という文化が横浜にしっかり根づいていること。これ
らの素晴らしさを、強く肌で感じることが出来ました。

　私は自身の政策の柱のひとつに地域のスポーツ振興を掲
げています。これまで横浜を代表するプロ野球球団DeNA

ベイスターズやプロバスケットボールチームのビーコルセアーズ、そしてサッカーも横浜Fマリノスと横浜FC、かつては横浜フリューゲルスといったプロチームの発展を、超党派のスポーツ振興議員連盟を立ち上げ応援してきました。

　また、横浜市内の武道10団体の協力を得て横浜市会武道振興議員連盟を組織し、会長として2020年7月、横浜文化体育館隣接地に横浜武道館を開館させました。

　これらはもちろん私ひとりの力ではありません。横浜市のトップである林文子市長始め、横浜市武道連絡会、横浜市スポーツ協会といった関係各所の総力が結実した末のことです。

　かれこれ40年以上、政治をやってきて私が思うのは、何か大きなことを成し得るにはまずいい出しっぺの熱意が大事。どうしてもやりたいんだという熱量を持って、目的や意義を真剣に伝えていくことで協力者が現れ支援の輪が広がっていくのだと感じています。

　そうした意味でワールドトライアスロンシリーズ横浜大会も、スポーツを愛してやまない、ある人物の撒いた種が大輪の花を咲かせたといえます。その人物とは自身もトライアスロン愛好家で、日本におけるトライアスロンの創成期から普及に情熱を注いだ故・清水仲治さんです。

　晩年は横浜市の上大岡にお住まいだった清水さんは、スキー、マラソン、サイクリング、野球などをされるスポーツマンでした。神奈川商工野球部として前日本ハムファイ

ターズ監督であった故・大沢啓二選手を引き連れての甲子園出場の経験があり、神奈川県高校野球連盟の理事長もお務めになっています。還暦を過ぎてトライアスロンに夢中になり、神奈川県トライアスロン協会の会長を経て、1994年の日本トライアスロン連合（JTU）創立時には名誉会長でもあった功労者です。

　1996年1月、享年74で逝去されましたが、ご存命中は「横浜でトライアスロンをやりたい」という夢を持ち続けておられました。その遺志が時を超えてワールドトライアスロンシリーズ横浜大会のような素晴らしい大会に繋がっているといえます。

　他にも、故レス・マクドナルド前ITU会長の魂や、横浜でトライアスロンの大会を行うきっかけをくれた佐藤順元新潟県村上市長のトライアスロンに対する愛が、ワールドトライアスロンシリーズ横浜大会には宿っています。

　そうした人々の思いを私が代弁する形で、「大会のレガシーを本にして残しましょう」とご提案くださったスキーの国民的ヒーローであるJTUの猪谷千春名誉会長、その横で背中を押してくれ、多くの助言をくださったWT副会長でJTUの大塚眞一郎専務理事、内容の事実確認に奔走してくれた横浜トライアスロン協会の小金澤光司副会長、JTU岩城光英会長の下、関係者への取材調整や資料提供など細やかに対応してくださったJTUの皆さん、本書に携わってくださった全ての皆さんに、この場を借りて心より感謝申し上げます。

トライアスロンシティ横浜はこれからも進化を続け、持ち前のトライ精神で10年先、20年先も魅力ある国際大会を継続し、横浜の都市力を国内外に発信して参ります。どうぞご期待ください。

2021年5月吉日

横浜市トライアスロン協会会長
横浜市会議員

横浜トライ！

横浜はなぜ世界のトライアスロンシティになったのか?

2021 年 5 月 14 日　初版刊行

著者　　　　花上喜代志
発行者　　　黒田栄一
発行所　　　株式会社さいど舎
　　　　　　〒 101-0061
　　　　　　東京都千代田区神田三崎町 2-7-6 浅見ビル 5 階
　　　　　　電話：03（5212）2683　FAX：03（5212）2684
発売　　　　サンクチュアリ出版
　　　　　　〒 113-0023
　　　　　　東京都文京区向丘 2-14-9
　　　　　　電話：03（5834）2507　FAX：03（5834）2508
表紙デザイン　　飯塚菫
印刷・製本　　　株式会社シナノパブリッシングプレス